令和元年**改正会社法**
及び
令和3年
商業登記規則の
理論と実務・書式

日本司法書士会連合会
商業登記・企業法務対策部 [編]

LABO

はしがき

　本書は、「会社法の一部を改正する法律（令和元年法律第70号。以下、「改正法」という）、「会社法の一部を改正する法律の施行に伴う関係法律の整備等に関する法律」（令和元年法律第71号）、会社法施行規則等の一部を改正する省令（令和2年法務省令第52号）及び商業登記規則等の一部を改正する省令（令和3年法務省令第2号。以下、「改正商業登記規則」という）等の解説書である。

　今般の改正では、「株主総会資料の電子提供制度の創設」、「監査役会設置会社における社外取締役の設置の義務付け」等といった主に上場会社に向けた改正に注目が集まっているが、「株式交付制度の創設」、「取締役の報酬等に関する規律の見直し」、「成年被後見人等についての取締役等の欠格事由の見直し」といった中小企業の実務に影響する分野においても多くの改正がなされている。

　また、商業・法人登記関連では、近時の社会情勢に適応すべく「印鑑提出義務の廃止」や「押印規定の見直し」のように、これまでの登記実務と大幅に異なる改正がなされており、また「テレビ電話による定款認証制度」や「実質的支配者リスト制度の創設」といった新しい取組みも実施されている。

　本書の章立ては、改正法の施行に伴う商業登記実務や近時の商業登記関連の改正点にフォーカスしており、これに加えて改正法による一般社団及び一般財団法人への影響についても解説を試みている。

　本書の執筆に携わったメンバーは、全員が日本司法書士会連合会「商業登記・企業法務対策部」に所属する商業登記のエキスパートであることから、実体法である改正会社法のみならず、その手続を定める省令である改正商業登記規則に関しても詳しい解説を加えている。

　また、会社法に関わる手続は商業登記申請によって完結するものも多

いため、本書では改正法及び改正商業登記規則の改正点の解説のみならず、登記申請を伴う手続については登記申請書やその添付書面等できる限り実務で活用可能な書式例を提示することを心掛けた。

　本書が、会社法及び商業登記に携わる読者の皆様に広く活用いただければ、執筆者全員にとって望外の喜びである。

　最後に、本書の刊行に当たっては、「商業登記・企業法務対策部」に所属していた元メンバーにも御協力と御助力を頂いた。また、出版社LABOの渡邊豊氏に企画段階から格別のご配慮と充実したサポートを頂いている。御協力等頂いた方々に改めて御礼を申し上げる次第である。

日本司法書士会連合会
商業登記・企業法務対策部

発刊にあたって

　いわゆる令和元年改正会社法については、平成29年2月9日に開催された法制審議会第178回会議において、法務大臣から会社法制（企業統治等関係）の見直しに関する諮問がされ、これを受けて設置された部会における調査審議、そして第200回国会（臨時会）における審議を経て、令和元年12月4日、会社法の一部を改正する法律（令和元年法律第70号）として成立し、同月11日に公布され、令和3年3月1日から施行されたものである。平成18年の会社法施行後、平成26年改正に続く大規模な改正であり、改正点は多岐にわたるが、とりわけ新設された株式交付制度等、企業法務分野に携わる者にとって影響は極めて大きいと言える。

　また、改正商業登記規則については、商業登記規則等の一部を改正する省令（令和3年法務省令第2号）が令和3年1月29日に公布され、同年2月15日から施行されたものである。こちらは、会社関係書類の電子化に対応するものであるが、同時に行われた押印規定の見直しを含め、デジタル化社会に即応する改正であり、やはり企業法務分野に携わる者にとって影響は極めて大きいと言える。

　本書は、司法書士等の法律専門家が企業法務の実務に携わることを想定し、改正内容について詳細な解説をしている。本書を御覧いただき、企業法務の実務にお役立ていただければ幸いである。

日本司法書士会連合会

会長　　小澤吉徳

◇ 凡 例 ◇

1 本書中、引用されている会社法の条文の番号は、特に断らない限り、改正法による改正後のものです。適宜、改正前会社法、改正会社法と表記する場合があります。

2 本書中、主要な法令の略語は、次のとおりです。

改正法 …………… 会社法の一部を改正する法律（令和元年法律第70号）

改正前会社法 ……改正法による改正前の会社法（平成17年法律第86号）

整備法 …………… 会社法の一部を改正する法律の施行に伴う関係法律の整備等に関する法律（令和元年法律第71号）

民 ……………… 民法（明治29年法律第89号）

振替法 …………… 社債、株式等の振替に関する法律（平成13年法律第75号）

会施規 …………… 会社法施行規則（平成18年法務省令第12号）

会計規 …………… 会社計算規則（平成18年法務省令第13号）

商登法 …………… 商業登記法（昭和38年法律第125号）

商登規 …………… 商業登記規則（昭和39年法務省令第23号）

登税 ……………… 登録免許税法（昭和42年法律第35号）

一般法人 ………… 一般社団法人及び一般財団法人に関する法律（平成18年法律第48号）

目　次

はしがき
発刊にあたって
凡　例

第1章　総　論

第2章　近時の商業登記制度に関する規律の見直し

第3章　改正会社法と商業登記

第4章　株主総会に関する規律の見直し

第5章　取締役等に関する規律の見直し

第6章　その他

第7章 一般社団及び一般財団法人に関する規律の見直し

執筆者一覧

第1章

総　論

第1節 近時の商業登記制度に関する規律の見直しの概要

1 総　説

　「登記制度の改正の歴史は、まさに不正な登記との闘いの歴史である」と巷間言われるところである。商業登記法1条は、「商法（明治32年法律第48号）、会社法（平成17年法律第86号）その他の法律の規定により登記すべき事項を公示するための登記に関する制度について定めることにより、商号、会社等に係る信用の維持を図り、かつ、取引の安全と円滑に資することを目的」とする旨を掲げており、登記実務に携わる様々な関係者の不断の努力によって、真正担保が図られている。近時の商業登記制度に関する規律の見直しの多くも、この真正担保を図り、登記制度の信頼を確保せんとして行われているものである。

2 令和元年改正会社法の施行に伴う登記実務への影響

　令和元年改正会社法において登記実務に直接影響があるところとしては、株主総会資料の電子提供措置に関する定款の定めが登記事項とされ、株式交付制度が新設され、取締役の報酬として株式が払込みを要せずに発行すること及びその行使に際して払込みを要しない新株予約権を発行することが可能となった。取締役等の欠格事由から、成年被後見人及び被保佐人が削除された。また、登記事項に関する改正として、新株予約権に関する登記事項の簡略化がされた。株主総会資料の電子提供措置に関する定款の定めの登記について及び支店所在地における登記の廃止については、令和4年9月1日に施行である。

3 | オンライン・ワンストップ化

オンライン・ワンストップ化の観点から、次のような改正がされた。

(1) 印鑑届の任意化等

令和3年2月15日、商業登記法等の改正により、定款認証及び設立登記を含めた全手続のワンストップ化、設立登記における印鑑届出の任意化、一定の条件の下で全国での定款認証及び設立登記のオンライン同時申請を対象にした24時間以内に設立登記が完了する取組み及び完全オンライン化による添付書面のペーパーレス化が開始された。

(2) テレビ電話機能を利用した定款認証

平成31年3月29日、電子署名の付された電子委任状を利用している定款認証においてテレビ電話機能を利用することが可能となり、公証人役場に直接出向くことを要せず、認証手続を受けることができるようになった。しかし、利用が低調であったことから、令和2年5月11日以降、委任状及び印鑑証明書を郵送することも認められることとなった。

4 | 不実登記の 防止

不実登記の防止の観点から、次のような改正がされた。

(1) 本人確認証明書

平成27年2月27日、商業登記規則の改正により、印鑑証明書の添付が必要な場合を除き取締役等の就任（再任を除く。）の登記の申請書に、いわゆる本人確認証明書を添付しなければならないものとされた（商登規61⑦）。

(2) 代表取締役等の辞任届

平成27年2月27日、商業登記規則の改正により、代表取締役等（印鑑提出をしている者がある場合は当該者に限る。）の辞任の登記の申請書に添付する辞任届には、実印の押印と印鑑証明書の添付が要求されることとされた。

⑶　株主リスト

　平成 28 年 10 月 1 日、商業登記規則の改正により、登記すべき事項につき株主総会の決議等を要する場合にあっては、いわゆる株主リストを添付しなければならないものとされた（商登規 61 ②、③）。

5 ｜ 規制緩和

　規制緩和の観点から、次のような改正がされた。

⑴　旧姓併記

　平成 27 年 2 月 27 日、商業登記規則の改正により、婚姻により氏を改めた取締役等であって、申請により登記簿に氏名を記録すべきものについて、婚姻前の氏（登記すべき氏と同一であるときを除く。）を記録することができるものとされた（商登規 81 の 2）。

⑵　外国人等の起業の促進

　平成 27 年 3 月 16 日、「内国株式会社の代表取締役の全員が日本に住所を有しない場合の登記の申請の取扱いについて（通知）」〔平成 27 年 3 月 16 日付法務省民商第 29 号〕が発出され、それまで代表取締役のうち少なくとも 1 人は日本に住所を有する必要があるとされていたところ、同通知後は、代表取締役の全員が日本に住所を有しない内国株式会社の設立の登記及びその代表取締役の重任若しくは就任の登記について、申請を受理する取扱いとされた。

6 ｜ 休眠会社の整理

　会社法 472 条 1 項の規定に基づく休眠会社のみなし解散による整理が平成 26 年以降毎年実施されている。平成 30 年以降、会社法施行後に設立された株式会社が対象となり始めたことから、増加傾向にある。令和 2 年度は、株式会社 31,516 社、一般社団法人及び一般財団法人 1,487 法人について、みなし解散の登記がされたようである。

	解散したものとみなされた 株式会社数	解散したものとみなされた 一般社団法人及び一般財団法人数
第1回 (昭和 49 年)	67,950	
第2回 (昭和 54 年)	69,161	
第3回 (昭和 59 年)	93,018	
第4回 (平成元年)	88,640	
第5回 (平成 14 年)	82,998	
第6回 (平成 26 年)	78,679	478
第7回 (平成 27 年)	15,982	645
第8回 (平成 28 年)	16,223	734
第9回 (平成 29 年)	18,146	992
第10 回 (平成 30 年)	24,720	1,208
第11 回 (令和元年)	32,711	1,366
第 12 回 (令和 2 年)	**31,516**	**1,487**

第2節 改正会社法の概要

1 改正会社法の経緯

　今回の会社法改正は、平成26年（2014年）改正に続く2回目の大きな改正である。今回の改正は、近年における社会経済情勢の変化等に鑑み、株主総会に関する手続の合理化や役員に適切なインセンティブを付与するための規律の整備、社債の管理の在り方の見直し、社外取締役を置くことの義務付けなど、企業統治等に関する規律の見直しの要否を検討されたいとの法務大臣からの諮問第104号に基づき法制審議会における審議がされたものであり、大きく分類すると、株主総会に関する規律の見直し、取締役等に関する規律の見直しなどが主な改正となっている。

2 改正会社法の改正内容⑴

　株主総会に関する規律の見直しとしては、①株主総会資料の電子提供制度の新設、②株主提案権の見直しがあり、取締役等に関する規律の見直しとしては、①取締役等へのインセンティブの付与としての取締役の報酬等に関する見直し、②補償契約及び役員等のために締結される保険契約（D&O保険）についての新たな規律の制定があり、社外取締役の活用等としては、①業務執行の社外取締役への委託、②社外取締役を置くことの義務化などがある。

3 改正会社法の改正内容⑵

　その他の変更としては、①社債管理補助者の新設、②株式交付制度の新

設、③責任追及等の訴えに係る訴訟における和解、④議決権行使書面等の閲覧等請求に関する拒絶事由の新設、⑤株式併合等に関する事前開示事項の追加、⑥新株予約権に関する登記事項の変更、⑦会社の支店所在地における登記の廃止、⑧取締役等の欠格条項の見直しなどがある。

4 | 取締役等の欠格条項の変更

　取締役等の欠格条項の見直しについては、成年後見制度の利用の促進に関する法律11条2号において、成年後見制度の利用促進の基本方針として「成年被後見人等の人権が尊重され、成年被後見人であることを理由に不当に差別されないよう、成年被後見人等の権利に係る制限が設けられている制度について検討を加え、必要な見直しを行う」と規定されていることなどから成年被後見人等の権利制限が設けられている制度の全面的な見直しがされたものである。その中で、欠格条項が数多く存在していることが成年後見制度の利用を躊躇させる要因の1つになっているとの指摘等を踏まえ令和元年6月14日に公布された成年被後見人等の権利の制限に係る措置の適正化等を図るための関係法律の整備に関する法律（令和元年法律第37号）により、成年被後見人等の資格、職業、業務等から一律に排除する規定等（欠格条項）を設けている各制度について、心身の故障等の状況を個別的、実質的に審査し、制度ごとに必要な能力の有無を判断する規定（個別審査規定）への適正化を図る措置が講じられた。改正前会社法331条1項2号は削除され、成年被後見人若しくは被保佐人又は外国の法令上これらと同様に取り扱われている者は取締役になれないとの欠格条項は削除された。

　就任承諾（改正法331の2①）、職務行為の取消し（改正法331の2④）などが新設されたことに伴い、改正会社法39条5項が新設され、設立時取締役及び設立時監査役についても法331条の2の規定が準用され、監査役の資格等（改正法335①）、執行役の選任（改正法402④）についても改正会社法331条の2が準用されることになる（第3章6節参照）。

5 | 会社法改正に伴う 関連法規の変更(1)

　今回の会社法改正に伴い商業登記の登記事項に関する改正もされている。会社法911条3項12号においては、新株予約権についての登記事項の一部改正がされ、会社法238条1項3号に掲げる事項を定めたときは、払込金額が登記事項（登記申請時までに募集：新株予約権に払込金額が確定していない場合は、当該算定方法）とされた（第3章第4節参照）。その他にも会社法325条の2の規定による電子提供措置をとる旨の定款の定めがあるときはその登記をする必要が発生したり（第3章第1節参照）、逆にインターネットの普及などにより支店所在地においては登記事項証明書の交付請求が少ないことや申請する会社の負担を考慮した結果、支店所在地における登記は廃止されることになる。支店の概念はそのまま踏襲されているので、本店所在地における登記では支店の所在場所の登記は引き続き存続することになる点は注意が必要である（第3章第5節参照）。

6 | 会社法改正に伴う 関連法規の変更(2)

　登記事項証明書の記載事項について一部変更がなされる。登記簿に住所が記録されている者（自然人であるものに限る。）の住所は登記事項証明書の記載事項とされ（商登法10③、商登規30）、登記事項証明書は自由に交付請求することができる。ドメスティックバイオレンス（DV）被害者等の住所については、申出があったときは、非表示の措置がとられることが予定されている。

　インターネットを介した登記情報提供サービスにおいても情報が提供されているが、登記簿に記録されている自然人の住所については、当該自然人を特定するための情報としては重要である反面、個人情報保護やプライバシーについての権利意識が向上していく中で、自宅情報という秘匿性の高い情報の公開を制限する機運が高まり、インターネットを介した登記情報提供サービスにおける登記簿に記録されている自然人の住所については情報として提供しない措置がとられることが予定されている。

　いずれも令和4年9月1日に施行予定である。

第3節 | 会社法の一部を改正する法律の施行に伴う関係法律の整備等に関する法律（令和元年法律第71号）の概要

1 | 変更の内容

改正会社法の施行に伴い、商業登記法のほか関係法律に所要の整備を行うものとされた。

(1) 法務省関連（商業登記法）

会社法の一部を改正する法律の施行に伴う関係法律の整備等に関する法律（以下「整備法」という。）6条において商業登記法の一部改正がされ、その内容は商業登記法7条の2、11条の2、12条、15条、17条、18条、20条、24条、25条、48条、49条、50条、82条、87条の各条文について変更又は削除がされた。変更又は削除については、主に印鑑の提出に関する事項、印鑑を提出する者についての表示、印鑑提出者の表現を被証明者へ変更する等があり、また、改正会社法において新設された株式交付については新たな条項（商登法90の2）が設けられた。

(2) 法務省関連（商業登記法以下）

整備法については、法務省関係で、商業登記法の他、民事再生法の一部改正（整備法8）、社債、株式等の振替に関する法律の一部改正（整備法9・同10）、会社更生法の一部改正（整備法11・同12）、破産法の一部改正（整備法13）、会社法の施行に伴う関係法律の整備等に関する法律の一部改正（整備法14）、一般社団法人及び一般財団法人に関する法律の一部改正（整備法15・同16）、信託法の一部改正（整備法17）などがされている。

2 | 会社法以外の 法律の変更

　整備法は関係法律の調整を果たす役割も備えているので、今般の会社法の一部改正に伴い、法務省以外の各省所管の法律においても多くの法律について整備がされた。

第2章

近時の商業登記制度に関する
規律の見直し

第1節 テレビ電話による認証制度

1 概　要

　平成31年3月29日、公証人法施行規則の改正によりテレビ電話による認証制度がスタートした。これは、未来投資戦略2018（平成30年6月15日閣議決定）において、「株式会社の設立手続に関し、一定の条件の下、本年度中にテレビ電話等による定款認証を可能」とすることとされたことに基づき、指定公証人の行う電磁的記録に関する事務に関する省令（平成13年法務省令第24号）について、所要の改正が行われたことによるものである。

　これは、定款認証の手続においては、公証人法58条1項の規定による「面前での自認」のために、嘱託人は公証人役場に出頭することが必要であるところ、会社等の設立手続を完全オンラインによって行うためには、その出頭義務が障害となることから、公証人役場に出頭することを要することなく定款認証手続をすることができるように、改正が行われたものである。

　具体的には、オンラインで定款認証の嘱託がされたもののうち、一定の要件に該当する事件を対象に、嘱託人が指定公証人の面前において行う行為を映像と音声の送受信により相手の状態を相互に認識しながら通話をすることができる方法によってすることを可能にするとともに、電磁的記録の認証の付与についても、電気通信回線により嘱託人に送信してすることを可能とし、全てオンラインで電子定款認証手続を行うことが可能となった。

2 | 認証方式

テレビ電話方式による認証を利用できるのは、次のいずれかの場合である。

① 発起人が定款に電子署名し、自らがオンラインで認証申請する場合
② 発起人が代理人に定款作成を委任し、定款作成代理人が定款に電子署名してオンラインで認証申請する場合

②の方法による場合、発起人が代理人に定款作成を委任する方式は、

ア 電磁的記録である委任状に電子署名する方式（委任状と定款は、各別の電子文書として作成する必要がある。）
イ 紙の委任状に実印を押印して、印鑑証明書を添付する方式

のいずれかによることになる。

3 | 準備手続

日本公証人連合会 HP によると、次のような準備が必要である。

① まず、オンライン申請をする発起人等又は定款作成代理人（以下「嘱託人」といいます。）がテレビ電話を利用できるインターネット環境、パソコン又はスマートフォンが必要です。
　パソコンの場合は Google Chrome ブラウザを、スマートフォンの場合は FaceHub アプリを事前にインストールしておいてください。
② 事前に、公証役場に対し、テレビ電話方式による認証を希望している旨を申し出た上、認証を受けたい定款の案と実質的支配者となるべき者の申告書をメール、FAX その他の方法で送り、定款の内容等の適法性その他の事前調査を受けてください。
　また、発起人等が定款作成代理人に紙の委任状で定款作成を委任し

ている場合には、その委任状と印鑑登録証明書を公証役場に郵送してください。なお、郵送料は嘱託人負担となりますので、同一情報の提供の書面、申告受理及び認証証明書、原本還付手続をした印鑑証明書等の全部又は一部の郵送を必要とされる場合には、返信用のレターパック（返送先の宛名を記載したもの）の同封をお願いいたします。このレターパックに前記書類を入れて返送いたします。また、手数料領収書のみの返送を希望し、申告受理及び認証証明書の返送も必要としない場合には、返信先の宛名を記載し所定の郵便切手を貼付した返信用封筒の同封をお願いいたします。これに、手数料領収書を同封してお送りいたします。

　以上の事前チェックや書類送付等なしに認証を求められても、認証ができない場合がありますので、ご留意願います。

③　上記②の手続を経て定款認証が可能な状態になった場合には、嘱託人は公証人にテレビ電話方式による認証を希望する日時を予約してください。

　予約申込みの方法は、公証人がテレビ電話用のURLを嘱託人に送る必要があるので、メール又は公証役場のホームページにある予約申込みフォームを利用してください。

④　上記③の予約申込みに対し、公証人が、予約日時を決定してその旨の連絡をするとともにテレビ電話のURLを嘱託人に送ります。

⑤　嘱託人は、予約当日までに、認証を受ける電子定款をオンライン申請してください。

　代理人が申請する場合に、委任状が電磁的記録であるときは、⑤のオンライン申請の直後に、同じ申請用総合ソフトを利用して電子署名付委任状をオンラインで送付する必要がある（「申請書様式」→「電子公証」→「電子署名付委任状【電子署名要】」の順にクリック）。なお、この場合に１度に添付することができる委任状ファイルは、１個限りなので、発起人が数人いる場合に、発起人ごとに委任状を作成しているときは、この手続を繰り返すことになる。

4 | 公証人と テレビ電話での通話

　嘱託人は、予約日時に、パソコン（Google Chrome）又はスマートフォン（FaceHub アプリ）を利用して、公証人とテレビ電話で通話し、公証人によって嘱託人が電子署名をした電子定款に相違ないか等の確認が行われる。この際、公証人が嘱託人の人違いでないことを確認するため、嘱託人は、本人確認資料（顔写真付きの公的機関発行の身分証明書）をテレビ画面に提示する必要がある。例えば、運転免許証、マイナンバーカード、住民基本台帳カード、旅券、在留カード等である。

　これらの手続により、公証人は、電子定款にされた電子署名が嘱託人本人のものであることや嘱託人の本人確認を行い、電子定款に対する認証の可否を判断する。

第2節 添付書面への電子署名

　会社関係文書の電子化は、平成 13 年改正商法（平成 13 年法律第 79 号）により始まる。この改正により、株式会社が作成すべきとされている書類は、電磁的記録により作成することができることとなり（平成 17 年改正前商法 33 の 2 ①等）、署名が要求されている書類を電磁的記録で作成した場合には、電磁的記録に記録された情報に電子署名をしなければならないものとされた（同条②等）。そして、商業登記においては、登記の申請書に添付すべき議事録等が電磁的記録で作られているときは、当該電磁的記録に記録された情報の内容を記録した電磁的記録（法務省令で定めるものに限る。）を当該申請書に添付しなければならないものとされた（商登法 19 の 2）。具体的には、フロッピーディスクに格納して、提出するものとされたわけであるが、その利用は皆無に近いものであった。

　その後、平成 16 年改正商業登記法により商業登記の申請がオンラインによることが可能となり、議事録等が電磁的記録で作成されているときは、これをオンライン申請の添付書面情報（商登規 102 ②）として送信することも可能となったが、やはり利用は皆無であった。その理由は、議事録等を電磁的記録で作成するインフラの整備が整っていないこと、また書面の場合に比して電子署名のハードルが高いこと（商登規 102 ⑤、⑥）にあったものと思われる。

　ところが、コロナ騒動の下において、株主総会や取締役会等のテレビ会議が急速に普及するに伴い、議事録等についても電子化の要請が強まった。そうした状況を受けて、法務省も緩和の措置をとり、令和 2 年 6 月 15 日から、オンライン申請において、添付情報を電磁的記録として作成した場合に許容される電子署名の電子証明書の範囲が拡大された。具体的には、商業登記規則 102 条 5 項 2 号（他の法令において準用する場合を含む。）に規定する「法務

大臣が定める電子証明書」に、「Cybertrust iTrust Signature Certification Authority」（サイバートラスト株式会社）（弁護士ドットコム株式会社が被認証者になっているものに限る。）及び「GlobalSign CA 2 for AATL」（GMOグローバルサイン株式会社）（添付書面情報作成者本人又はGMOクラウド株式会社が被認証者になっているものに限る。）の2つの電子証明書が追加された。現在は、次の12個の電子証明書が利用可能となっている。

　※令和3年11月1日現在

ア 「Cybertrust iTrust Signature Certification Authority」（サイバートラスト株式会社）
（クラウドサイン（弁護士ドットコム株式会社）、Great Sign（株式会社TREASURY）、Signing(株式会社ネオキャリア)、SATSIGN(アイテック阪急阪神株式会社)、シムワーク（株式会社エム・アイ）、NINJA SIGN by free（株式会社サイトビジット）又はGovenance Cloud（ガバナンスクラウド株式会社）のサービスを利用しているものに限る。）
イ 「GlobalSign CA 2 for AATL」（GMOグローバルサイン株式会社）
（電子印鑑GMOサイン（GMOグローバルサイン・ホールディングス株式会社）又はWAN-Sign（株式会社ワンビシアーカイブズ）のサービスを利用しているものに限る。）
ウ 「SECOM Passport for Member PUB CA4」（セコムトラストシステムズ株式会社）
（セコム議事録電子化サービス（セコムトラストシステムズ株式会社）、セコムあんしんエコ文書サービス（セコムトラストシステムズ株式会社）又はマネーフォワード クラウド契約（株式会社マネーフォワード）のサービスを利用しているものに限る。）
エ 「SECOM Passport for Member PUB CA8」（セコムトラストシステムズ株式会社）
（Shachihata Cloud（シヤチハタ株式会社）のサービスを利用しているものに限る。）
オ 「DocuSign Cloud Signing CA-SI1」（ドキュサイン・ジャパン株式会社）
（EU Advanced（ドキュサイン・ジャパン株式会社）のサービスを利用しているものに限る。）
カ 「GlobalSign CA 3 for AATL」（GMOグローバルサイン株式会社）
（クラウド契約管理Sign（ラディックス株式会社）又はOneSpan Sign（OneSpan株式会社）のサービスを利用しているものに限る。）

キ 「GlobalSign CA 6 for AATL」（GMO グローバルサイン株式会社） （電子印鑑 GMO サイン（GMO グローバルサイン・ホールディングス株式会社） のサービスを利用しているものに限る。）
ク 「Intesi Group Advanced Cloud Signature CA」（INTESI GROUP S.p.A.） （Adobe Sign（アドビ株式会社）のサービスを利用しているものに限る。）
ケ 「GlobalSign GCC R6 AATL CA 2020」（GMO グローバルサイン株式会社） （電子印鑑 GMO サイン（GMO グローバルサイン・ホールディングス株式会社）、WAN-Sign（株式会社ワンビシアーカイブズ）、クラウド契約管理 Sign（ラディックス株式会社）、みんなの電子署名（株式会社ベクター）、電子取引サービス @Sign（三菱電機インフォメーションネットワーク株式会社）、かんたん電子契約 for クラウド（セイコーソリューションズ株式会社）又は OneSpan Sign（OneSpan 株式会社））のサービスを利用しているものに限る。）
コ 「JCAN Public CA1–G4」（GMO グローバルサイン株式会社） （CONTRACTHUB@absonne（日鉄ソリューションズ株式会社）のサービスを利用しているものに限る。）
サ 「NSSOL e-Contract-CA-G1」（日鉄ソリューションズ株式会社） （CONTRACTHUB@absonne（日鉄ソリューションズ株式会社）のサービスを利用しているものに限る。）
シ 「Enterprise Premium Public CA」（菱電機インフォメーションネットワーク株式会社） （電子取引サービス @Sign（三菱電機インフォメーションネットワーク株式会社）のサービスを利用しているものに限る。）

第3節 | 法人の実質的支配者情報の把握推進のための方策

　株式会社等の法人が世界的にマネー・ローンダリング等に不正に使用されている状況を受け、これを国際協調により防止しようという取組みがされているところである。日本においても様々な取組みがされているところ、商業登記の面において、平成28年10月から、いわゆる株主リストが添付書面として追加され、また平成30年11月から定款認証の際に公証人に対して実質的支配者に関する申告をしなければならないものとされたのも、この流れである。

　こうした取組みの一つとして、令和2年4月、法務省が「商業登記所における法人の実質的支配者情報の把握促進に関する研究会」が設置された。株式会社が商業登記所に対して「実質的支配者情報一覧」の保管及びその写しの交付の申出をすることができることとして、例えば、「犯罪による収益の移転防止に関する法律」（平成19年法律第22号）に基づく実質的支配者に関する申告の場面等において活用されることが企図され、令和4年1月31日から運用が開始された。

第 4 節 | 法人設立 ワンストップサービス

1 | 法人設立手続の ワンストップサービスの経緯

⑴　始まり

　未来投資戦略 2017（平成 29 年 6 月閣議決定）において、「法人設立に関し、利用者が全手続をオンライン・ワンストップで処理できるようにする。そのため、関係する全ての手続をオンラインで完結させるとともに、外部連携 API を活用した民間クラウドサービスの活用も視野に、定款認証の面前確認や印鑑届出、外部連携 API 等の在り方を含めて、制度面・技術面の総合的な観点から、今夏までに官民が一体となって本格的に検討を開始し、本年度中に結論を得る。」との決定がなされ、それを受け、平成 29 年 9 月「法人設立手続オンライン・ワンストップ化検討会」が設定され平成 29 年 9 月から平成 30 年 3 月まで以下の議題で会議が開催された。

第1回　平成 29 年 9 月 6 日	法人設立手続のオンライン・ワンストップ化に向けた現状と課題の整理
第2回　平成 29 年 10 月 13 日	登記前の手続き（電子定款認証の面前確認） 登記時の手続き①（登記申請の処理時間） 登記時の手続き②（会社代表者の印鑑提出のあり方）
第3回　平成 29 年 10 月 25 日	登記後の手続き（登記事項証明書の添付省略）手続き関連システム①（法人設立手続きのワンストップ化） 手続き関連システム②（オンライン申請の使い勝手改善）
第4回　平成 29 年 11 月 28 日	定款認証の合理化について 登記処理の時間短縮について 法人口座開設手続きのオンライン化について
第5回　平成 29 年 12 月 19 日	今後の検討について 定款認証の合理化について

第6回　平成 30 年2月1日	法人の銀行口座開設手続きについて 定款認証の合理化について①（見直し案について） 定款認証の合理化について②（モデル定款について）
第7回　平成 30 年2月 23 日	マイナポータルを活用したワンストップサービス 法人設立における印鑑届出の義務の廃止 登記の 24 時間以内の処理の実現及び世界最高水準 の適正迅速処理を目指した業務の徹底的な電子化
第8回　平成 30 年3月 29 日	法人の銀行口座開設手続について 検討会とりまとめ：「法人設立手続のオンライン・ワ ンストップ化に向けて」（案）

　「日本再興戦略 -Japan is Back-」（平成 25 年 6 月閣議決定）以降、成長戦略の KPI として「2020 年までに世界銀行のビジネス環境ランキングにおいて、先進国（OECD 加盟国 35 か国）で 3 位を目指す」と設定している。しかし、同ランキングにおける日本の順位は年々低下しており、特に法人設立分野は、2018 年には OECD 加盟国 35 か国中 32 位との低い評価を受けており KPI 達成のためには手続の抜本的な改善が求められている。

（平成 30 年 5 月法人設立オンライン・ワンストップ化検討会：法人設立手続のオンライン・ワンストップ化に向けて資料Ⅰ 1⑴より抜粋）

　※ KPI とは（Key Performance Indicator）組織の目標を達成するための重要な業績評価指標のことである。

⑵　方針の確認

　民間においては契約締結の迅速化、コスト削減、管理機能の強化といったメリットから、手続の電子化が推進されてきている。行政手続に関連しても民間と政府とが連携した IT サービスが提供されてきている。

　海外においては政府による法人設立手続についてオンライン・ワンストップ化の動きが顕著である。

　このような状況下において、我が国の行政手続についても、オンライン化やワンストップ化に向けた取組みが進められ、行政内部の業務プロセスの見直しや、行政手続・民間取引 IT 化にあたっての 3 原則（デジタルファースト原則、コネクテッド・ワンストップ原則、ワンスオンリー原則）が「デジタル・ガバメント推進方針」において掲げられた。

（平成 30 年 5 月法人設立オンライン・ワンストップ化検討会：法人設立手続の

オンライン・ワンストップ化に向けて資料Ⅰ1⑵より抜粋)

⑶　方針への阻害要因の確認

　世界銀行のビジネス環境ランキングにおける我が国の法人設立分野に対する低評価は法人設立手続に関する手続数の多さと、日数が長くかかることが大きな要因だとされた。この他にも、株式会社の設立には公証人の面談における定款認証や会社代表者印の書面提出、法人の銀行口座開設時の登記事項証明書の書面提出など手続の過程において面前や書面が残っていることが手続のオンライン・ワンストップ化を阻害している要因とされた。

　(平成30年5月法人設立オンライン・ワンストップ化検討会：法人設立手続のオンライン・ワンストップ化に向けて資料Ⅰ2より抜粋)

⑷　方針の決定

　平成29年12月閣議決定された「新しい経済政策パッケージ」において以下のとおり決定がなされ議論が本格化した。

　世界最高水準の起業環境を目指して、法人設立に関して、利用者が全手続をオンライン・ワンストップで処理できるようにするために、以下の事項に関する具体策と実現に向けた工程について今年度末までに成案を得る。

1．オンラインによる法人設立登記の24時間以内の処理の実現及び世界最高水準の適正迅速処理を目指した業務の徹底的な電子化
2．法人設立における印鑑届出の義務の廃止
3．電子定款に関する株式会社の原始定款の認証の在り方を含めた合理化
4．法人設立手続のオンライン化とマイナポータルを活用したワンストップサービスの提供

　(平成30年5月法人設立オンライン・ワンストップ化検討会：法人設立手続のオンライン・ワンストップ化に向けて資料Ⅰ2より抜粋)

2 | 電子定款に関する株式会社の原始定款の認証についての検討

　法人設立オンライン・ワンストップ化検討会においては、現行の公証人による面前確認による認証などについて検討がなされた。一般的には、定款認証が果たしている機能は、国民の私的な法律紛争を未然に防ぎ、私的法律関係の明確化、安定化を図ることを目的として、証書の作成等により一定の事項を公証人に証明させることにあり、同制度は、真正性の確認、適法性の確認として紛争等を予防する機能を有しているとされているがそれらのことについて意見が出された。

(1)　公証人の面前確認への意見
「肯定意見」

①　法人を設立するには、発起人が署名または記名押印した定款の作成が必要とされている。株式会社の設立時の定款（原始定款）については、公証人の面前における認証が必要とされている。電子定款を作成したとしても、発起人は公証役場に出向き、公証人の面前で定款にある自身の電子署名を自認することが求められており、この仕組みは、成りすましの防止になる。

②　定款認証制度は定款の作成、存否及び記載内容の適正性等について確実性及び明確性を確保し、これに伴う紛争と不正行為を防止するという重要な機能を果たしており経済活動を支える法的インフラである。また、ドイツ・フランス等の先進主要国においても株式会社の原始定款については公証人が関与（確定・作成）している。

③　公証人の面前確認については直接のやりとりを通じて定款が作成名義人の意思に基づいて作成されたことを確実にすることで定款が発起人の真意に基づいて作成されていることも確認するという意義が含まれている。

④　電子署名は、発起人の真意に基づいて定款が作成されていることの確認機能を代替できない。

「否定意見」

①　公証役場に出頭して面前確認を行うことについては役場に出頭する手

間や時間調整など起業者にとっては負担となっている。

② 設立後の定款変更や合同会社の原始定款については公証人の面前における認証は不要であるとの意見もあった。

⑵　適法性審査

　最低資本金制度の撤廃による会社設立件数の増加、定款自治の拡大により、法令に適合しない定款の原案が作成されていることが増大しており、公証人は定款認証業務の一環として法令違反の記載がある場合、単にそれを指摘するばかりではなく、発起人の意思に沿って適法に記載されるよう助言することで、適法・適切な原始定款が作成され、結果として紛争や不正行為の防止、登記申請等の手続を速やかに行うことが可能となる。

⑶　モデル定款への意見

　日本における株式会社設立手続においてオンライン・ワンストップ化が進まない要因の一つとして公証人による面前確認に基づく定款認証が挙げられた。その代替策として「モデル定款」の案が提出され議論がされた。この案はモデル定款を使用した場合は公証人の認証を不要とする発想であり、この制度の採用によりオンライン・ワンストップ化が進まない阻害要因を解消する策として提出された。

　モデル定款とは、公証人の認証不要化の議論を具体化するために日本経済再生総合事務局において作成された定款でその作成にあたっては、設立時にニーズの高いと想定される以下のような簡素な機関設計を前提としたものである。

一人会社
取締役会および監査役を設置していない会社
設立に際して出資される財産が金銭のみ（現物出資無し）
株式の譲渡制限あり（非公開会社）

（平成30年2月1日第6回オンライン・ワンストップ化検討会資料4抜粋）

「賛成意見」

① 会社法等に基づいて作成されて適法なモデル定款に従っている場合

は、モデル定款で示された部分については適法・無効となる余地は認められず、またモデル定款中自由記載とされた部分については登記官による審査がなされるため、定款の適法性は担保される。

② 公証人が不在の地域では法務局職員が公証人の役割を代替しており、設立株式会社の機関設計が予め明らかにされているので負担が少なくなる。

「反対意見」

① 登記官が審査することとなる商号や目的等については、公証人による審査がなくなると登記官の負担が過剰になり登記手続の遅滞をまねくおそれがある。

② 会社法は、株式会社の機関設計等については、多様な選択肢を認めているので、特定のモデルのみを優遇することの合理性を説明することは困難となる。

定款認証において、商業登記所における審査と公証人による審査を比較すると、公証人との直接のやりとりを通じた自認によって作成名義人の意思に基づいて定款が作成されたことを確認できる（作成名義人の意思確認）、登記事項以外についても定款の記載内容について適法性の審査（定款全体の適法性審査）がなされる。定款記載事項についても、単に適法であるか否かを受動的に確認するのみならず、発起人の意思に沿って適切に記載されたものになるように助言するという発起人の真意の定款への反映を期待できることが公証人の定款認証に関する固有の役割であるとの意見もあった。

⑷ **結論**

定款自治が拡大した現行会社法の下でも定款認証については必要であるとの意見や犯罪の収益による移転防止に関る法律における実質的支配者の管理などの要請からも公証人の関与は重要となっている。電子署名やモデル定款によっても、発起人の真意に基づき真正かつ適法・適切な定款が作成されることを確実にするという公証人による定款認証機能の代替はできないのであるからオンライン・ワンストップ化の理念に照らした現行制度の改善は、公証人による定款認証が果たしている重要な意義を損なわないような形で行う必要があるとの結論が出された。

3 | 法人設立における印鑑届出を 任意とする制度の検討

　改正前の商業登記法においては、法人の設立登記申請について、申請人が登記の申請権限を有する者であること（本人性の確認）を担保するため、申請書の提出と併せ、同申請書に押印した会社代表者の印鑑を印鑑届出書に押印して、管轄法務局（登記所）に書面で持参又は郵送により提出することが求められていた。（商登法17②、商登法20①）

⑴　設立登記のオンライン申請における印鑑の届出の問題点

　設立登記のオンライン申請においては、申請情報の押印に代えて電子署名を行い、申請権限を有する者であることを確認するため、その者の電子認証（公的個人認証）を添付しなければならないこととされていた。一方で、設立登記の申請書に押印する必要がないにも関わらず別途、会社代表者の印鑑を印鑑届書に押印して、管轄法務局（登記所）に書面で持参又は郵送する方法により提出する必要があるため、設立登記の完全オンライン化が実現できない要因となっていた。

　法人設立オンライン・ワンストップ化検討会において、商業登記電子証明書（登記所が会社代表者等に対して発行する電子証明書）を利用する場合の会社代表者の印鑑の届出を任意とする制度の見直し、商業登記電子証明書の利便性向上について検討がされた。

　改正前の商業登記制度は、会社代表者から会社設立時に印鑑の届出を受けることを前提としていたことから、印鑑の届出を任意にする制度実現には商業登記法の改正も必要となった。

⑵商業登記電子証明書の改善

　会社代表印の印鑑を届出ない者は印鑑証明書の代わりに会社代表者を証明するものとして商業登記電子証明書を使用することになる。商業登記電子証明書は、法務局（登記所）が管理する登記情報に基づき登記官が法人の代表者に対して証明を行う電子証明書で会社・法人等の代表者の「本人性」「法人格の存在」「代表権限の存在」を確認・証明できる公的制度であり信頼性の高いものであると考えられている。しかしその高い信頼性にも関わらずその利用が進んでいない現状がある。利用されていない理由としては改正前は

商業登記電子証明書の申請がオンラインで申請できなかったこと、商業登記電子証明書の取得に要する費用が印鑑証明書発行手数料と比して高いと感じることが考えられる。

　商業登記電子証明書を利用する際に利用者側に複数の事務処理が求められ、使用に慣れていない者にとってはハードルが高くなり、電子証明書の有効期限が更新されるたびにパソコン操作が必要なるなど電子証明書の利便性の改善には官民合同で合意形成をする必要がある。

⑶　結論

　法人設立における印鑑届出を任意とする制度については今時の会社法の改正に伴い商業登記法、商業登記規則の改正がなされた。商業登記における法務局（登記所）に対する印鑑届出については任意とされ、商業登記電子証明書等の利用との選択が可能となる改正がなされている（第３章第７節参照）。

4 ｜ オンラインよる法人設立登記の 24時間以内の処理の実現

　登記申請受付後、申請書及び添付書面（添付情報）について登記官によって調査・記入・校号の流れで処理がなされている。

	主な作業
受付（順位保全）	申請書の形式確認　郵送書類の受付　添付書面との突合　原本還付（原本と写しの照合）　登録免許税（収入印紙）の貼付確認・消印
調査（審査）	申請の実体的、手続的適法性を審査　登録免許税額の確認　電子署名・電子証明書の有効性確認
記入（登記簿への記録）	「登記すべき事項」を記録　紙申請の場合は手入力で記録　オンライン申請の場合は情報を取り込んで記録
校合（登記の実行）	申請書、登記記録を基に申請に却下事由がないか最終的に審査　記録した登記事項の確認

　登記管による処理についてはオンライン申請でも紙に印刷し、内容を目視し、審査している状態である。記載誤り、添付書面の遺漏等の補正が発生す

る場合もあり、一部の案件についてはその処理に時間を要する場合もある。

　登記申請における補正率の減少、添付書面情報の事前確認などの対応を図ることで、前述した世界銀行のビジネス環境ランキングで上位に位置する国に近づくため、オンラインによる法人設立登記については24時間以内の処理の実現及び世界最高水準の適正迅速処理を目指した業務の電子化の方針のもと、以下のような改善が発表された。

　その内容は以下のとおりである。（法務省ホームページより）

令和2年2月28日

　「新しい経済政策パッケージ」（平成29年12月8日閣議決定）を踏まえて定められた「未来投資戦略2018」（平成30年6月15日閣議決定）において、令和元年度中にオンラインによる法人設立登記の24時間以内の処理を実現することとされたことを受けて、令和2年3月17日㈫から、以下の設立登記の申請を対象に、「24時間以内処理」を開始しますので、お知らせします。

「24時間以内処理」の対象

　オンラインによる株式会社及び合同会社の設立登記の申請のうち、以下の条件を満たすもの

○　役員等が5人以内であること

　株式会社の場合は設立時役員等（設立時取締役、設立時会計参与、設立時監査役及び設立時会計監査人）が5人以内、合同会社の場合は業務執行社員が5人以内

○　添付書面情報（定款、発起人の同意書、就任承諾書等）が全て電磁的記録（PDFファイル）により作成され、申請書情報と併せて送信されていること（完全オンライン申請）

　オンライン申請であっても、添付書面を登記所に持参又は送付する場合は、「24時間以内処理」の対象となりませんので、御注意ください。

　電磁的記録により作成された添付書面情報をオンラインン申請により送信するためには、作成者（株式会社の電子定款は作成者と認証者）の電子署名が付与されている必要があります。

> ○ 登録免許税の納付が収入印紙ではなく電子納付が利用されていること（電子納付が遅れると登記の完了が遅くなる可能性があります。）
> ○ 補正がないこと

5 | 東京開業ワンストップサービスの発想

　東京圏他6の区域を指定し、平成26年6月24日閣議決定により、法人設立手続の簡素化・迅速化、外国人を含めた起業・開業を促進するため、登記等に係る各種申請のための窓口を集約した「ワンストップセンター」を設立し、関連する相談業務等を行うこととし、これに基づき、東京都は平成27年3月4日、「東京開業ワンストップセンター」の概要を発表し、運用が開始された。この事業には東京法務局をはじめ、公証人や、司法書士会、弁護士会、公証人会、税理士会、社会保険労務士会、行政書士会などの士業が協力している。

① 設置主体：国（内閣府、法務省、国税庁、厚生労働省）及び東京都
② 設置場所：独立行政法人日本貿易支援機構本部（ジェトロ）
③ 営業日及び営業時間：毎週月曜日から金曜日までの平日午前9時30分～午後5時30分
④ 実施体制：事務責任者は東京都が配置し、通訳を兼ねる。
⑤ 交代でワンストップセンターに常駐する（外国人を含めた利用者からの登記相談に応じ、オンライン申請（登記すべき事項のオンライン提供）の支援）

をする。

6 | マイナポータルを利用したワンストップサービスの提供

　法人設立に必要な手続は政府が提供するオンラインシステム上で申請することも可能ではあるが、その申請はオンライン申請の場合であっても各役所によってシステムが相違している関係で手続をする利用者とっては煩雑であり、どこか一つの手続で操作が混乱するとオンライン手続全体から離脱することも考えられる。現状は、同じ内容を異なるシステムに何度も登録し、システムごとの操作も異なる。

e-Gov	年金事務所　ハローワーク　労働基準監督署
eLTAX	都道府県 市町村 税事務所
e-TAX	税務署
登記ねっと	法務局　公証人

　そこで、オンライン・ワンストップ化にあたっては、必要な手続が一括して完了でき、初回申請でも利用しやすい制度の実現が求められ、政府が運営するオンラインサービスで行政機関からのお知らせ確認、電子申請手続の全国横断的な検索・比較・申請など様々な行政サービス利用が可能であるマイナポータルの活用が提言された。

　マイナポータルサービスとは、必要な手続が一つのシステムで1回で完了し、手続漏れも解消するサービスのことである。

　現況では法人設立登記後の手続についてはマイナポータルを利用してオンラインなどでその申請が可能になっている。設立登記手続については、公証人の面前確認による取扱についてはその制度が維持されているが、面前確認の運用については利用者の利便などを考慮した変更がなされている。

　平成31年3月29日より定款認証における公証人の面前確認の方式にテレビ電話方式が可能となり、テレビ電話に基づく電子定款等の認証が可能となった。この制度は、発起人等が定款又は委任状に電子署名することが要件になっていたので、発起人等が電子署名できない場合はテレビ電話方式による電子定款等の認証はできなかった。

　令和2年5月11日より、発起人等が電子署名できない場合でも、電子署名ができる定款作成代理人に紙の委任状で定款作成を委任すれば、テレビ電話方式による電子定款等の認証ができる運用になり、法人設立登記手続におけるテレビ電話方式による電子定款認証は今まで以上に利用が増えると思われる。

　令和2年5月11日以降のテレビ電話の基づく電子定款認証の一般的な流れ（代理人が行う場合）

① 　テレビ電話を利用できるインターネット環境が必要
② 　原始定款の案文、実質的支配者となるべき者の申告書、本人確認書面等を事前に公証役場に提供
③ 　テレビ電話による定款の認証を希望する旨の通知

④　公証人よりテレビ電話認証日並びに認証手数料等の通知（メール等）がある

⑤　必要書類の事前郵送（返信用封筒なども同封）と電子認証した電子定款を公証人宛て送信する

⑥　予約日時にテレビ電話をする（顔写真付きの公的証明書を提示）

⑦　認証された定款等が郵送にて返却される

7 ｜ 定款認証及び設立登記の同時申請

　株式会社の設立登記申請について、登記・供託オンライン申請システム又は法人設立ワンストップサービスにより定款認証の嘱託及び設立登記の申請がオンラインで同時にされているものを対象として、公証役場から認証された定款が送信されたことをもって設立登記を完了する制度が令和3年2月15日から施行されている。

　定款認証の嘱託及び設立登記がオンラインで同時申請されたもののうち、一定のものの登記の完了時期については、原則として、登記完了の直前までの審査を終了して上で、認証された定款が送信されていることを確認し次第、その申請を受付けた時点から起算して24時間以内に登記を完了させるものとされている。但し、登記申請件数が増加する時期（4月、6月及び7月）については24時間以内に設立登記を完了させることは努力目標とされている。

　この対象は、設立時の役員数（設立時取締役、設立時会計参与、設立時監査役及び設立時会計監査人）が5人以内である会社について、添付書面の全てが電磁的記録により作成され、収入印紙ではなく電子納付が利用されているものが対象となる。

8 ｜ まとめ

　法人設立手続のワンストップサービスについては、関係省庁で連携しながら技術的検討及びサービス提供に向けた準備をすべきであり、利用者がすぐ使用でき、簡単、便利な仕組みを構築することが重要である。

第3章

改正会社法と商業登記

第1節｜株主総会資料の 電子提供制度

1｜株主総会資料の 電子提供制度概要

　今回の改正会社法において「株主総会資料の電子提供制度」が新設されたが、現行会社法上においても「株主の個別承諾による株主総会資料の電子提供制度」と「ウェブ開示によるみなし提供制度」があり、これらとの混同を避けるためにも、まずはこの概要部分において現行会社法上で実現可能な制度と改正によって新設される制度を比較しておきたい。

　その後、改正会社法における「株主総会資料の電子提供制度」の概要部分についてとりまとめ、「2」以降で改めて詳述していくこととする。

　なお、あくまで株主総会資料についてインターネット等を通じて提供又は開示する方法としては、新設される「株主総会資料の電子提供制度」と、現行会社法下における「ウェブ開示によるみなし提供制度」があることを踏まえ、今回の改正会社法では、「株主総会資料の電子提供制度」の新設である点をご理解いただきつつ、加えて株主総会招集通知に関する論点として、書面に代えて電磁的方法によって行うこともできる「株主の個別承諾による株主総会資料の電子提供制度」があるという点を区別いただきたい。

　招集通知の発出は書面によることが原則であるが、株主の個別承諾を得て、招集通知自体を、書面に代えて電磁的方法によって行うこともできるのであるが（会299③）、当該方法による場合には、株主総会参考書類及び議決権行使書面を電磁的方法で提供することが可能であり（会301②）、さらに事業報告や計算書類等についても電磁的方法で提供することが可能となる（会437、会施規133②、会計規133②）。この点、「ウェブ開示によるみなし提供制度」や「株主総会資料の電子提供制度」とは出発点が異なるであろう。

　今回の改正会社法で新設された電子提供制度は、招集通知に関するものではなく、定款変更をしたうえで、電子提供措置を採用する旨を定めた会社

が、"株主総会資料"について、自社のウェブサイト等に掲載する形で提供した場合の制度である。現行会社法における「ウェブ開示によるみなし提供制度」と「株主の個別承諾による株主総会資料の電子提供制度」は、それぞれ混同を招きやすいため、これらと区別して考えるよう注意されたい。

⑴　現行会社法における電子提供制度

①　新設される電子提供制度について（改正法）

改正会社法においては、取締役が自社のホームページなどのウェブサイトに株主総会資料を掲載し、株主に対しては株主総会の日時、場所等の最低限の情報と該当するウェブページの URL を通知することにより、株主の個別承諾がなくとも、株主に対して適法に株主総会資料を提供したものとみなされる制度が導入される。

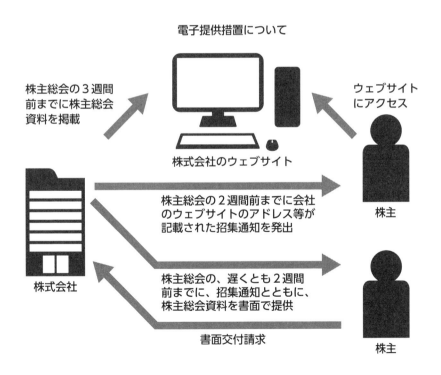

②　株主の個別承諾による株主総会資料の電子提供制度（現行会社法）

インターネットを利用した株主総会資料の提供は、改正会社法によって新たに登場したものではない。

確かに、現行会社法では、株主総会参考書類、議決権行使書面や計算書類、事業報告等を取締役が株主に対して提供する際、上場会社においては、原則として株主総会資料を株主総会の2週間前までに株主に対して書面により提供しなければならない（会299②・301・302等）とされているが、株主から事前の個別承諾を得ておけば、インターネットを利用した株主総会資料の電子提供を行うことができる（会299③・301②・302②）。

③　ウェブ開示によるみなし提供制度と時限的な改正（現行会社法）

取締役会設置会社の取締役は、定時株主総会の招集通知を発するにあたり、株主に対して計算書類等を提供しなければならないこととされている（会437）。ただし、「ウェブ開示によるみなし提供制度」をとる旨を定款に定めることを条件として、株主総会参考書類、事業報告及び計算書類に表示すべき事項の一部について、当該事項に係る情報を定時株主総会に係る招集通知を発出する時から株主総会の日から3か月が経過する日までの間、継続してインターネット上のウェブサイトに掲載するとともに、当該ウェブサイトのURL等を株主に対して通知することにより、当該事項が株主に提供されたものとみなす制度（ウェブ開示によるみなし提供制度）がある（会施規133③、会計規133④）。

なお、本制度ではウェブ開示の対象となる事項が限定されており、計算書類のうち、貸借対照表や損益計算書は対象外となっている。

しかしながら、コロナ禍においては、法務省がウェブ開示によるみなし提供制度の対象範囲を拡大することとし、「会社法施行規則及び会社計算規則の一部を改正する省令（令和2年法務省令第37号、令和3年法務省令第1号、令和3年法務省令第45号）」により、貸借対照表や損益計算書等も、ウェブ開示によるみなし提供制度の対象とされた（令和2年法務省令第37号、令和3年法務省令第1号は失効済）。

具体的には、貸借対照表、損益計算書のほか、株式会社が事業年度の末日時点で公開会社である場合は、事業報告に記載すべき事項のうち「当該事業年度における事業の経過及びその成果」（会施規120①四）及び「対処すべき課題」（会施規120①八）についても、ウェブ開示のみなし提供制度の対象と

したものである。

　ただし、同省令は、あくまで新型コロナウイルス感染症の影響を踏まえたものであり、現時点においては、令和3年法務省令第45号により、令和5年2月28日までに招集の手続が開始される定時株主総会に係る事業報告及び計算書類の提供に限り、ウェブ開示によるみなし提供制度の対象となる事項の範囲を拡大することとしている。

　なお、そもそも「ウェブ開示によるみなし提供制度」を導入するにあたっては、定款にその定めが必要であるが、会社法施行規則又は会社計算規則に基づきウェブ開示をする旨の定款の定めが既にある場合、同省令の適用を受けるため、これとは別に、改めて定款の変更をする必要は無いとされている。

　このように、ウェブ開示によるみなし提供制度は、改正があったものの、時限的な措置であり、混乱を招きやすいと考えられるため、ウェブ開示の対象になる事項と対象にならない事項について取りまとめておくこととする。最初にウェブ開示の対象となる書類についてまとめ、次に当該書類のうち、ウェブ開示の対象となる事項か否かについてまとめさせていただく。

④　ウェブ開示の対象となる書類

　ウェブ開示の対象となる書類は、①議決権の行使をするにあたって、議案の賛否の判断材料の参考となるべき事項が記載されている「株主総会参考書類（会301①）」、②事業年度に係る株式会社の状況に関する重要な事項として、定時株主総会にその内容を報告しなければならない（会438③）事項である「事業報告（会435②）」、③定時総会において承認を受けなければならない（会438②）貸借対照表、損益計算書、株主資本等変動計算書及び個別注記表の総称である「計算書類（会435②、会計規59①）」、④定時総会において報告をしなければならない事項（会444⑦）として、連結貸借対照表、連結損益計算書、連結株主資本等変動計算書及び連結注記表が記載されている「連結計算書類（会444①、会計規61）」の4つである。なお、招集通知についてはそもそも対象とはなっていない。

⑤ ウェブ開示の対象となる事項

	ウェブ開示の対象となる事項	ウェブ開示の対象とならない事項
株主総会参考書類（会施規94①）	• 提案の理由、株主の議決権の行使について参考となると認める事項等、右記の事項以外の記載事項	• 議案 • 株主総会参考書類に記載することとする事業報告の記載事項のうち、ウェブ開示の対象とならない事項 • ウェブ開示を行うホームページのURL • 監査役等がウェブ開示を行うことに異議を述べている事項
事業報告（会施規133③）	• 右記の事項以外の会社の現況に関する重要な事項、会社役員に関する重要な事項、株式に関する重要な事項及び新株予約権に関する重要な事項 • 会社の状況に関する重要な事項 • 業務の適正を確保するための体制についての決定等の内容の概要	• 事業の経過及びその成果（※） • 重要な資金調達、合併等についての状況 • 重要な親会社及び子会社の状況 • 対処すべき課題（※） • 会社役員の氏名、地位及び担当 • 会社役員と会社との間の補償契約に関する事項 • 会社役員の報酬等に関する事項 • 役員等賠償責任保険契約（D&O保険契約）に関する事項 • 会計参与又は会計監査人と会社との間の補償契約に関する事項 • 監査役等の監査報告 • 監査役等がウェブ開示を行うことに異議を述べている事項
計算書類（会計規133④）	• 株主資本等変動計算書、個別注記表	• 貸借対照表（※） • 損益計算書（※） • 会計監査人の監査報告及び監査役等の監査報告

連結計算書類 (会計規134④)	・右記以外のもの	・株主の議案要領通知請求があった場合における当該議案の要領

※会社法施行規則及び会社計算規則の一部を改正する省令 (令和3年法務省令第45号) により、ウェブ開示の対象となる事項

⑥ ウェブ開示によるみなし提供制度を採用する旨の定款の定め

ウェブ開示によるみなし提供制度を採用するには、その旨を定款に定めておかなければならない (会施規94①・133③・会計規133④・134④)。なお、この規定を設けたとしても、必ずしもインターネット開示が義務づけられるものではないため、会社が必要とするときに採用すればよいであろう。

改正会社法によって新設される電子提供制度と比較すると、開示情報が限定的ではあるが、株主の承諾なく定款変更のみをもって導入できる点、連結計算書類全ての書面交付を省略できる等、株式会社にとってのメリットは大きいものと思われる。

定款変更後、株主総会招集通知と共に、上記⑤の「ウェブ開示の対象となる事項」についてインターネット上のホームページに掲載し、当該ホームページの URL を株主に通知すればよい。なお、招集通知の発出する時から株主総会の日から3か月が経過するまでの間ウェブサイトに掲載することによって、株主に提供したものとみなされる (会施規94①)。

定款記載例
(株主総会参考書類等のインターネット開示とみなし提供) 第●条　当会社は、株主総会の招集に際し、株主総会参考書類、事業報告、計算書類及び連結計算書類に記載又は表示をすべき事項に係る情報を、法務省令に定めるところに従いインターネットを利用する方法で開示することにより、株主に対して提供したものとみなすことができる。

(2) 改正会社法における電子提供制度

改正会社法では、株主の個別の承諾を得ることなく、株主総会資料を自社のホームページ等のウェブサイトに掲載し、株主に対し、当該ウェブサイトの URL 等を書面により通知することにより、取締役は適法に株主総会資料を提供したものとされる (改正法325の3、改正法325の4③)。当該制度を利用

して株主総会資料を電子提供することにより、印刷や郵送のために要する時間や費用を削減することができるとともに、印刷や郵送が不要となることに伴い、株主に対し、従来よりも早期に充実した内容の株主総会資料を提供することができるようになることも期待される。なお、改正会社法における電子提供制度を採用するには、電子提供制度をとる旨の定款の定めが必要となり、なおかつ当該定めは登記事項となる（改正法911③十二の二）。

(3) 電子提供制度が創設された意義

　現行会社法上、上場会社においては、原則として株主総会の資料を株主に対して株主総会の2週間前までに書面により提供しなければならない（会299②）。招集通知から株主総会日までの期間については、諸外国では1～2か月であるのに対して、日本では2週間であることから、議案を検討できる期間が非常に短いという意見があった（平成28年2月2日経済産業省「株主総会プロセスの電子化促進等に関する研究会（第3回）3．株主総会の適切な日程設定について」）。

　株式会社が株主に対して、インターネットを利用する方法によって株主総会資料を提供するのであれば、株主総会資料の印刷会社への発注、内容の校正、印刷や郵送作業にかかる時間等が短縮され、従来よりも早期に株主総会資料を提供することが可能となる。

　また、会社側としても印刷にかかる費用の削減、印刷資料の校正作業や郵送作業にかかる人員と時間の削減、封筒代等のコストの削減ができるため、会社にとってもメリットがある。

　確かに現行会社法でも、株主に対してインターネットを利用した株主総会資料の電子提供を行うことはできるものの、株主が多数である上場会社等において、全ての株主の承諾を得ることは困難であろう。

　また、ウェブ開示によるみなし提供制度（会施規94①）も存在しているが、こちらは前記(1)⑤のとおり、ウェブ開示の対象となる事項が限定されており、十分な情報が提供されているわけではない。これに対して、新たに創設される「電子提供制度」では株主総会資料全てが対象となっているため、その電子化の範囲に差異がある。

　これらのことから、株主の個別承諾を要さず、定款の変更をすることによって、早期に株主に対して適法かつ広範囲な情報が掲載された株主総会資料を提供することのできる「電子提供制度」が新たに創設されたものと思われる。

⑷ 電子提供措置の継続提供義務と中断

　電子提供措置の中断について、詳しくは後述するが、電子提供措置を導入した株式会社は、株主総会の日の3週間前、又は株主総会招集通知を発した日のいずれか早い日から、株主総会の日以後3か月を経過するまでの期間、継続して株主総会資料をインターネット上のウェブサイトに掲載しなければならない（改正法325の3①）。

　しかしながら、サーバーの障害によるサーバーダウン等によって、電子提供措置が中断されてしまう可能性もある。そのような場合であっても、電子提供措置の中断が生ずることにつき株式会社が善意でかつ重大な過失がないこと又は株式会社に正当な事由があること（改正法325の6一）等、一定の要件を満たす場合には、電子提供措置の中断は、電子提供措置の効力に影響を及ぼさないものとしている（改正法325の6）。

⑸ 電子提供制度と書面交付請求権

① 書面交付請求権と累積する書面交付希望者に対する措置

　令和3年6月18日総務省「令和2年通信利用動向調査の結果」によれば、個人・企業において、ソーシャルネットワーキングサービス等を活用している割合は、個人73.8%（4.8ポイント上昇）であり、ソーシャルネットワーキングサービス等を活用している割合は上昇しているものの、60歳以上の個人利用率は低い傾向にある。

　そのため、株式会社が電子提供制度を導入した場合、インターネットに不慣れな株主が、適切に情報を受け取る機会を失う可能性もあるため、会社法改正にあたり、そのような株主に対し書面交付請求権が認められることとなった（改正法325の5①）。

　もっとも、インターネット操作が不慣れである、あるいは書面交付が望ましい等の理由によって株主が書面交付を希望した場合、株主が書面交付請求を撤回しない限り、書面交付請求をする株主が累積していくのではないかという点が懸念される。そのため、一定の要件の下、会社から株主に対して通知催告を行い、かかる通知催告に対して、株主の異議がなかった場合、株主による書面交付請求の効力が失われる制度も設けられている（改正法325の5④⑤）。

②　EDINET による開示

金融商品取引法 24 条 1 項により、発行する株式について有価証券報告書提出義務を負う株式会社は、電子提供措置開始日までに、電子提供措置事項を記載した有価証券報告書の提出手続を、EDINET（金融商品取引法上で開示用電子情報処理組織と呼ばれる、内閣府の使用するホストコンピューター・提出会社の使用するコンピューター・金融商品取引所のコンピューターを結んだ、同法に基づく開示文書に関する電子情報開示システム）を通じて開示した場合、当該事項については、別途電子提供措置をとることを要しないとされている（改正法 325 の 3 ③）。

⑹　定款変更と商業登記申請

電子提供制度を導入するには、株主総会において定款変更をし、「電子提供措置をとる旨（改正法 325 の 2）」を定めたうえで、当該内容を登記しなければならない（改正法 911 ③十二の二）。

また、振替株式（株式等振替制度（振替株式）とは、上場会社の株式等の譲渡等について、現実の引渡しでなく、帳簿等への記録を通じて電子的に行う制度のことをさす）を発行する会社については、「電子提供措置をとる」旨の定款の定めを置くことが義務づけられている（改正振替法 159 の 2 ①）。

なお、改正会社法施行日に振替株式を発行している株式会社は、みなし定款変更によって電子提供措置制度の導入が強制されるが、登記は職権で行われないため、一定期間内に当該変更登記を申請しなければならない（整備法 10 ④〜⑥）。

2 ｜ 電子提供措置

⑴　電子提供措置をとる旨の定款の定め

株主総会資料の電子提供制度を利用するためには、定款の定めを設けなければならない。この場合、その定款には単に、電子提供措置をとる旨を定めれば足りる（改正法 325 の 2）とされており、URL の他、電子提供措置事項の詳細までを記載する必要はない。また、当該定款の定めについては登記事項とされている（改正法 911 ③十二の二）。

これは現行会社法上、公告方法として電子公告を選択するのであれば、定

款の定めが必要となること（会939①三）との均衡を考慮して、将来株主となるものを拘束する意味でも、当該制度利用時には定款の定めを要するものとされたようである。

電子提供措置とは、電磁的方法によって株主（種類株主総会を招集する場合にあっては、ある種類の株主に限る）が情報の提供を受けることができる状態に置く措置のことをいう。電子提供措置の対象は、①株主総会参考書類、②議決権行使書面、③計算書類及び事業報告、④会計監査人設置会社かつ取締役会設置会社である場合においては、連結計算書類の各記載事項である。

なお、振替株式を発行する会社は、この定款の定めを置くことが義務付けられる（振替法159の2①）。上場会社は、振替株式の発行を行うことが各証券市場の審査基準であることから、上場会社には電子提供制度の利用が義務付けられることとなっている。

既に改正法施行日に振替株式を発行している株式会社は、みなし定款変更によって電子提供措置制度が導入されたものとみなされる（整備法10②）。しかしながら、このみなし定款変更における登記は職権でなされるものではなく、一定の期間内に登記を行わなければならない（整備法10④〜⑥）。

非上場会社、上場会社（振替株式を発行している会社）の定款変更決議の有無と登記をしなければならない時期については、下記（【登記の時期】）にまとめているので参照されたい。

なお、当該電子提供制度は、類型的に不特定多数の株主がいる公開会社が利用することが想定されたものと思われるが、公開会社でない株式会社であっても、電子提供制度を利用することは可能である。

［電子提供措置をとる旨の定款規定］

定款記載例
（株主総会資料の提供方法） 第●条　当会社は、電子提供措置をとるものとする。

※定款例については後記記載例も参照のこと

【登記の時期】

非上場会社	電子提供措置制度を導入するには、株主総会特別決議によって定款変更を行う必要がある。 →定款変更決議日後2週間以内に登記が必要

上場会社（振替株式発行）	みなし定款変更（定款変更決議は不要） →会社法の一部を改正する法律の施行に伴う関係法律の整備に関する法律の施行日から6か月以内に、登記が必要（整備法10④）。 ただし、当該電子提供措置をとる旨の登記をするまでに、他の登記をするときは、当該他の登記と同時に、電子提供措置をとる旨の登記をしなければならない（整備法10⑤⑥）。

(2)　みなし提供制度に関する定款変更

　後述する「書面交付請求」についてであるが、電子提供措置をとる旨の定款の定めがある株式会社の株主は、会社に対して、電子提供措置事項が記載された書面の交付請求を行うことができる（改正法325の5①）。

　この「書面交付請求」について、電子提供措置事項のうち法務省令で定めるものの全部又は一部を当該書面に記載することを要しない旨を、定款で定めることもできる（改正法325の5③）。

［改正会社法325条の5第3項の定款規定］

定款記載例
（電子提供措置事項記載書面に記載することを要しない事項） 第●条　当会社が交付する電子提供措置事項記載書面は、電子提供措置事項のうち法務省令で定めるものの全部について記載することを要しない。

※定款例については後記記載例も参照のこと
※法務省令で定めるものの全部ではなく一部とすることも可能

(3)　振替株式発行会社における電子提供措置の強制適用

①　電子提供措置をとる旨の定款の定めの義務

　振替株式を発行する会社は、この定款の定めを置くことが義務付けられることとなった（振替法159の2①）。

　今回の会社法改正に伴い、「社債、株式の振替に関する法律（振替法）」も改正されることとなった。そのため、既に改正会社法施行日に振替株式を発行している株式会社は、みなし定款変更があったものとみなされ、電子提供

制度の導入が強制適用されることとなる（整備法10②）。

　この振替株式は、東京証券取引所本則市場において「指定振替機関の振替業における取扱いの対象であること又は取扱いの対象となる見込みのあること」が、上場することの審査基準となっており、取扱い対象とならなくなった場合には上場廃止基準となることから、上場している全ての株式会社は電子提供制度の導入が義務付けられ、新規に上場する株式会社にも義務付けられることとなる。

②　定款変更決議の要否

　電子提供制度を導入するためには、株主総会において定款変更決議を行わなければならない。定款変更は特別決議事項であるから、原則として議決権の過半数を有する株主が出席し、出席株主の議決権の3分の2以上の賛成を得る必要がある。

　前記(3)①の「みなし定款変更」によって電子提供措置が強制適用される株式会社は、みなし定款変更が適用される日をもって電子提供措置をとる旨の定款変更決議がなされたものとみなすこととされている（整備法10②）から、電子提供措置制度を導入する旨の臨時株主総会を開催する義務はない。

　なお、振替株式を発行している株式会社の「みなし定款変更」による電子提供制度導入の強制適用については、「会社法制（企業統治等関係）の見直しに関する中間試案の補足説明」において、上場会社に対して電子提供制度の利用を義務付けることにより、株式会社が上場することによるメリットを減殺することとなるのではないかと懸念する意見や、上場会社であっても、電子提供制度の利用をするか否かは各企業の任意に委ねるべきであるという指摘もされていたが、この指摘に対しては、上場会社は、資本市場を利用している以上、株主に対する情報提供を高度化するような取組みを積極的にすべきであり、上場会社として電子提供制度を利用することは義務であると考えるべきであるという指摘がなされていたようである。

⑷　電子提供制度導入時における商業登記申請

　電子提供制度を利用する会社は、会社法325条の2の規定による電子提供措置をとる旨の定款の定めを登記しなければならない（改正法911③十二の二）。

　振替株式を発行している株式会社は、「みなし定款変更」によって電子提

供措置が強制適用されるが、電子提供措置とる旨の定款の定めの登記が職権等によってなされるわけではない。

　そのため、整備法附則第3号施行日から6か月以内に、その本店の所在地において、改正会社法911条3項第12号の2に掲げる事項の登記をしなければならない（整備法10④）。しかしながら、改正法911条3項第12号の2に掲げる事項の登記をするまでに他の登記をするときは、当該他の登記と同時に改正会社法911条3項第12号の2に掲げる事項の登記をしなければならないこととされている（整備法10⑤⑥）。

　なお、当該定款変更の決議がなされたものとみなされた株式会社の代表取締役、代表執行役又は清算人は、整備法10条8項において、これらの登記義務に違反した場合、100万円以下の過料に処される旨が規定されている。

⑸　振替株式発行会社の定款変更と経過措置、定款附則の定め方

　改正会社法施行日に振替株式を発行している株式会社は、みなし定款変更によって電子提供措置制度の導入がなされたものとされる（整備法10②）。

　しかしながら、定款変更決議をしたものとみなされる会社が、実際に電子提供制度に基づいて株主総会の招集を行うことができるのは、施行日から6か月経過後を開催日とする株主総会からとされており、それまでの間は株主による書面請求の受付を除けば従来どおりのものとなる（整備法10③）。

　株主総会実務においては、法改正に伴う定款変更について、改正会社法の施行を効力発生の条件として定款変更を行い、効力発生日等については附則で手当てをするようなケースもあるものと思われる。

　ここで考えておきたいのは、整備法附則第3号施行日から6か月以内に、その本店の所在地において、改正会社法911条3項第12号の2に掲げる事項の登記をしなければならない（整備法10④）とされている点である。改正会社法施行前に、改正会社法の施行を条件とした電子提供制度関連の定款変更をした会社は、整備法10条2項における定款変更の決議をしたものとみなす必要がなく、また、そのようにみなす必要がないのであれば、同条3〜5項の適用がなくなり、施行日から6か月以内の手続きについては、なお従前の手続きによるとされることなく、電子提供措置を取らねばならず、併せて定款変更に伴う登記も、6か月の猶予がなくなり、改正会社法施行後2週間以内に登記をしなければならないという考えもあり得る。この点について、旬刊商事法務2230号「＜座談会＞令和元年改正会社法の考え方」における

法務省大臣官房参事官竹林俊憲の発言によれば、法改正に伴って行う定款変更について、改正会社法の施行を効力発生の条件として定款変更を行った会社であっても、整備法10条３～５項の適用があると考えられているようである。

改正会社法施行前に、その施行を効力発生の条件として定款変更を行った会社が定めておくべき附則としては、下記のようなものとなるであろう。

改正会社法施行に伴う経過措置に対応した定款附則例

附則

1. 現行定款第●条（株主総会参考書類等のインターネット開示とみなし提供）の削除、並びに変更後定款第■条（電子提供措置）及び第▲条（書面交付請求）の新設は、会社法の一部を改正する法律（令和元年法第７０号）附則第１条ただし書に規定する施行日（以下「施行日」という。）から効力を生ずるものとする。

2. 前項の規定にかかわらず、施行日から６か月以内の日に開催される株主総会にかかる招集手続きは、なお従前の例による。

3. 本附則は、施行日から６か月を経過した日、又は前項の株主総会が開催された日から３か月を経過した日のいずれか遅い日に削除するものとする。（※）

※附則３項は、１項において、現行会社法に基づくウェブ開示制度の削除を前提としているため、株主総会後３か月間の継続的な掲載期間に配慮したものである。

⑹ 電子提供措置事項の具体的な掲載方法

① ウェブサイトへの掲載

電子提供措置とは、電磁的方法によって、株主が情報提供を受けることのできる状態に置く措置であるが、その具体的な方法については、電子公告同様、法令の要件を満たしたウェブサイトに掲載すればよい（会施規223・222）。ただし、電子提供措置は株主が情報の提供を受けることができる状態であればよいため、不特定多数のものに対して情報提供することが想定されている電子公告とは異なり、株主に対してログインIDやパスワードを発行し、これらを用いた株主がログインした場合に限って株主総会資料を閲覧することが許容されているものと思われる（改正法325の２）。

②　EDINET を使用する方法

金融商品取引法に基づいて有価証券報告書を提出している会社であれば、EDINET を使用して提供することも認められている（改正法 325 の 3 ③）。

ただし、ここでおさえておくべきは、金融商品取引法に基づいて有価証券報告書を提出している会社であることと、定時株主総会に関するものに限ること、議決権行使書面に記載すべき事項は除かれること、電子提供措置開始日までに電子提供措置事項を記載した"有価証券報告書"を、EDINET を使用して提出することであろう。

つまり、あくまで電子提供措置事項を記載した"有価証券報告書"を提出する場合のことであり、EDINET を通じ、株主総会資料だけを電子提供できる制度というわけではないということである。したがって、臨時株主総会開催時においては、EDINET を使用する方法は認められないこととなろう。

③　電子提供措置事項を掲載すべき期間について

株主総会の日の 3 週間前、又は株主総会招集通知を発した日のいずれか早い日から、株主総会の日以後 3 か月を経過するまでの期間、継続して掲載しなければならない（改正法 325 の 3 ①）。

なお連結計算書類の作成義務がある会社は、有価証券報告書の提出義務を有する大会社に限られる（会 444 ③）。

⑺　株式会社が電子提供措置をとる旨の定款の定めをした後、株主に対して、株主総会資料を書面により提供する方法で株主総会を招集することの可否

電子提供措置をとる旨の定款の定めがあり、会社法 299 条 2 項各号に掲げる場合（株主総会に出席しない株主が書面若しくは電磁的方法によって議決権を行使することができることとする場合、株式会社が取締役会設置会社である場合）は、電子提供措置を取らなければならないため、株主総会資料を書面により提供して株主総会を証することはできないことに注意を要する（改正法 325 の 3 ①）。

⑻　電子提供措置事項の内容

改正会社法 325 条の 3 第 1 項には、電子提供措置事項として下記 7 項目が掲げられている。

①　株主総会の日時、場所等の会社法 298 条 1 項各号に掲げる事項

② 株主総会に出席しない株主が書面によって議決権を行使することができることを定めた場合（会 301 ①）における株主総会参考書類及び議決権行使書面に記載すべき事項

③ 株主総会に出席しない株主が電磁的方法によって議決権を行使することができる旨を定めた場合（会 302 ①）には株主総会参考書類に記載すべき事項

④ 株主が議案要領の通知請求権を行使した場合（会 305 ①）における議案の要領

⑤ 取締役会設置会社の取締役が定時総会を招集する場合における計算書類及び事業報告（会 437）に記載又は記録された事項

　株式会社が取締役会設置会社である場合、定時株主総会の招集の通知を発するときは、現行会社法上、株主に対して株主総会の招集の通知をする際、計算書類及び事業報告（会社法 436 条 1 項又は 2 項の規定の適用がある場合にあっては監査報告又は会計監査報告を含む）を提供しなければならない（会 437）。

　改正会社法においても、株式会社が取締役会設置会社である場合において、取締役が定時株主総会の招集の通知を発するときは、当該計算書類及び事業報告に記載され、又は記録された事項を電子提供措置事項としている（会社法制（企業統治等関係）の見直しに関する中間試案の補足説明）。

⑥ 取締役会設置会社かつ会計監査人設置会社の取締役が定時株主総会を招集する場合における連結計算書類（会 444 ⑥）に記載又は記録された事項

　株式会社が会計監査人設置会社（取締役会設置会社に限る）である場合において、定時株主総会の招集の通知を発するときは、現行会社法上、株主に対して株主総会の招集の通知をする際、連結計算書類を提供しなければならない（会 444 ⑥）。

　現行会社法においても、株式会社が会計監査人設置会社（取締役会設置会社に限る）である場合において、取締役が定時株主総会の招集の通知を発するときは、連結計算書類に記載され、又は記録された事項を電子提供措置事項としている（会社法制（企業統治等関係）の見直しに関する中間試案の補足説明）。

⑦ 上記①〜⑥に掲げる事項を修正した旨、及び修正前の事項

　現行会社法上、株主総会参考書類、事業報告、計算書類及び連結計算書類

について、株主総会の招集の通知を発した日から株主総会の日の前日までの間に修正をすべき事情が生じた場合における修正後の事項は当該事項を株主に周知させる方法を、株主総会の招集の通知と併せて通知することができる旨の規定がある（会施規65③・133⑥、会計規133⑦・134⑦）。

実務上は、この規定に基づき、株主に周知させる方法としてウェブサイトに掲載する方法を選択し、株主総会の招集の通知と併せて通知している例が多いという指摘がされており、このような実務があることを踏まえ、改正会社法325条の3第1項各号の事項に修正をすべき事情が生じた場合は、その旨と当該修正事項が電子提供措置事項とされた。

なお、会社法298条1項各号に掲げる事項（改正法325の3①一）、監査報告及び会計監査報告（改正法325の3①五）については、現行会社法上このような規定はない。

この点、会社法制（企業統治等関係）の見直しに関する中間試案の補足説明第1部第1－2(2)キにおいて、これらについても、軽微な誤記があった場合等であれば、ウェブサイトに掲載する方法による修正をすることが認められてよいとも考えられており、これらについても修正の対象とすることができるものとされている。

⑼ 電子提供措置事項の修正

電子提供措置事項を修正したときには、その旨及び修正前の事項に係る情報について電子提供措置をとらなければならない（改正法325の3①七）。

なお、改正会社法325条の3第1項7号による修正は、改変には該当しないため、後述する電子提供措置の中断は生じない（改正法325の6）。

⑽ 招集通知発信時における電子提供措置

取締役が株主に対して会社法299条1項の招集通知を発する場合、併せて議決権行使書面を同封する等の方法によって交付するのであれば、重ねて当該事項について電子提供措置を行う必要はない（改正法325の3②）。

議決権行使書面の記載内容は下記のとおり（会301①、会施規66①）であるが、株式会社が議決権行使書面の記載事項を全て電子提供措置事項とする場合、株主の氏名又は名称及び行使することができる議決権の数を含めた議決権行使書面の記載事項を、全ての株主について個別にウェブサイトに掲載しなければならないこととなる。そのため議決権行使書面を交付する場合で

あれば、別途議決権行使書面に記載すべき事項に係る情報について電子提供措置をとることを要しないとされている。

なお、議決権行使書面を交付する場合であっても、これと併せて株式会社がパスワードを要求するなど、システム上の工夫をするなどした上で、議決権行使書面に記載すべき事項に係る情報についても省略せずに電子提供措置をとることはできると考えられているようである（会社法制（企業統治等関係）の見直しに関する中間試案の補足説明第1の2(2)イ）。

議決権行使書面の記載事項の概要（会 301 ①、会施規 66 ①）

① 各議案についての賛否（棄権の欄を設ける場合にあっては、棄権を含む）を記載する欄

② 賛否を記載する欄に記載がない議決権行使書面が株式会社に提出された場合、各議案についての賛成、反対又は棄権のいずれかの意思の表示があったものとする取扱いの内容

③ 一人の株主により同一議案に対して重複して議決権行使がなされた場合、その議決権行使の内容が異なるものであった場合について、定めがあるときは、当該事項

④ 議決権の行使の期限

⑤ 議決権を行使すべき株主の氏名又は名称及び行使することができる議決権の数

---

(11) EDINET による電子提供措置事項の提供方法

電子提供制度を導入した場合、法令の要件を満たした自社ホームページのウェブサイトに電子提供措置事項を掲載すればよいが（会施規223・222）、金融商品取引法に基づいて有価証券報告書を提出している会社であれば、EDINET を使用して提供することも認められている（改正法325の3③）。

そのような会社であれば、議決権行使書面に記載すべき事項は除かれるものの、定時株主総会に関するものに限って、電子提供措置開始日までに電子提供措置事項を記載した有価証券報告書を、EDINET を使用して掲載すれば足り、EDINET に掲載された事項については自社ホームページのウェブサイトに掲載しなくともよい（改正法325の3③）。

定時総会に限ることと、議決権行使書面に記載すべき事項が EDINET に

よる提供対象ではないことに注意が必要ではあるが、後者については、取締役が株主に対して会社法 299 条 1 項の招集通知を発する場合、併せて議決権行使書面を同封する等の方法によって交付するのであれば、重ねて当該事項について電子提供措置を行う必要はない（改正法 325 の 3 ②）のであるから、実際に議決権行使書面を交付すれば問題が無いであろう。

なお、有価証券報告書は、通常であれば株主総会終結後に提出している株式会社の方が多いものと思われる。これは、定時株主総会において承認を受けた計算書類、報告がなされた事業報告書を添付しているためである。

しかしながら、EDINET による電子提供措置事項の提供を行うためには、電子提供措置開始日までに電子提供措置事項を記載した有価証券報告書を、EDINET に掲載しなければならないため、当然ながら定時株主総会開催前に有価証券報告書を提出することとなる。

有価証券報告書を定時株主総会前に提出するということは、作成日程や書面校正及びその校了日程の前倒しが求められるとともに、金融商品取引法監査のスケジュールも前倒しとなるであろうから、社内への周知徹底と業務の見直しだけではなく、監査法人に事前に相談のうえ、日程調整を行う必要があろう。

法制審議会会社法制（企業統治等関係）部会第 19 回会議（平成 31 年 1 月 16 日）においては、下記のような附帯決議がなされている。

「株主総会資料の電子提供制度に関する規律については、これまでの議論及び株主総会の招集の手続に係る現状等に照らし、現時点における対応として、本要綱案に定めるもののほか、金融商品取引所の規則において、上場会社は、株主による議案の十分な検討期間を確保するために電子提供措置を株主総会の日の 3 週間前よりも早期に開始するよう努める旨の規律を設ける必要がある」

3 ｜ 招集通知

(1) 招集通知の発送期限と記載事項の概要

電子提供措置をとる場合、公開会社であるか否かを問わず、株主総会招集通知の発送期限は、株主総会の日の 2 週間前の日とされた（改正法 325 の 4 ①）。

　また、招集通知には株主総会開催場所、日時、目的事項、電子提供措置事項を掲載しているウェブサイトのアドレス等を記載すればよいとされており（改正法325の4②）、電子提供措置制度を導入している株式会社は、原則として株主に対して株主総会参考書類を交付する必要はない（改正法325の4③）。

　ただし、株主から書面交付請求がなされた場合には、電子提供措置事項が記載された書面を交付する必要がある（改正法325の5①②）。

⑵　電子提供措置の実施期限との関係と比較

　2⑹③でも述べたとおり、電子提供措置の開始日は株主総会の日の3週間前、又は株主総会招集通知を発した日のいずれか早い日とされており、株主総会の日以後3か月を経過するまでの期間、継続して電子提供措置を継続しなければならない（改正法325の3①）。

　これは、会社側の株主総会参考書類の印刷や株主への発送にかかる時間の短縮を考慮しつつ、投資家側ができる限り早期に株主総会資料に関する情報を取得し、議決権の行使に備えて、その内容を検討しておきたいという要望を勘案した結果、3週間前とされたものと思われる。

　次に株主総会の日以後3か月を経過するまでの期間、電子提供措置を継続する点については、株主総会資料が株主総会の決議取消の訴えに係る訴訟において証拠等として使用される可能性があり、株主総会資料は、少なくとも、当該訴えの出訴期間（会831①柱書き）が経過する日までは、ウェブサイトに掲載されている必要があるものとして定められたようである（会社法制（企業統治等関係）の見直しに関する中間試案の補足説明第1－2⑶ア）。

　さらに前記⑴の株主総会の招集通知の発送期限との関係についてであるが、会社法制（企業統治等関係）の見直しに関する中間試案第1－3⑴において、株主総会の日の4週間前までとするA案、株主総会の日の3週間前までとするB案及び株主総会の日の2週間前までとするC案が掲げられていた。

　C案は現行会社法上の公開会社と同様の期限とする案であり（会299①）、株主に対して株主総会資料がウェブサイトに掲載されたことを認識させるという株主総会招集通知の意義を重視するのであれば、電子提供措置開始日と株主総会の招集通知の発送日とは同一の日、又はそれ以前の日とすべきであるという考え方がA案又はB案であったのであろう。

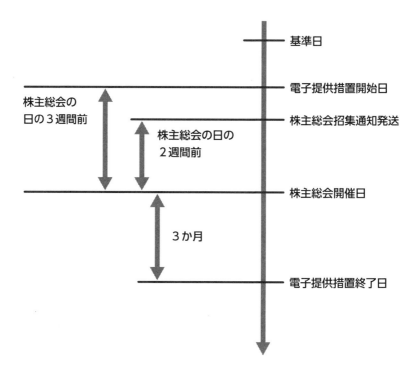

招集通知発送期限と電子提供措置開始日等のスケジュール

基準日

電子提供措置開始日

株主総会招集通知発送

株主総会の日の3週間前

株主総会の日の2週間前

株主総会開催日

3か月

電子提供措置終了日

　しかしながら、株主は株主総会招集通知の受領前であっても、自らウェブサイトを確認することもできるのであり、株主が書面交付請求（後記4参照）を行った際には株主総会の招集通知の際、電子提供措置事項を記載した書面を交付しなければならないことから、郵送料や印刷が必要となる関係上、株主総会招集通知の発送と書面交付請求をした株主に対する電子提供措置事項を記載した書面の交付が同時に行われることを想定して、招集通知の発送期限については株主総会の日の2週間前とされたのであろう。

⑶　株主総会招集通知の記載事項
　株主総会の招集通知には、会社法298条1項各号及び会社法施行規則63条各号に定める内容を記載しなければならない。ただし、議決権行使書面又は株主総会参考書類に記載した事項がある場合には、株主総会招集通知に記

載しないこととすることができる（会施規66③・73④）。

　電子提供措置をとる株式会社の招集通知は改正会社法325条の4第2項に規定されているが、その記載事項は限定されている。

［株主総会招集通知の記載事項］

会社法が定める事項	
電子提供措置をとらない株式会社（会298①各号）	電子提供措置をとる株式会社（改正法325の4、会298①各号）
①　株主総会の日時及び場所	①　株主総会の日時及び場所
②　株主総会の目的である事項があるときは当該事項 ③　書面投票を行う場合はその旨 ④　電子投票を行う場合はその旨 ⑤　その他法務省令で定める事項	②　株主総会の目的である事項があるときは当該事項 ③　書面投票を行う場合はその旨 ④　電子投票を行う場合はその旨 ⑤　電子提供措置をとっている場合はその旨 ⑥　株主総会に係る電子提供措置事項を記載した有価証券報告書の提出手続をEDINETで行ったときはその旨 ⑦　その他法務省令で定める事項
法務省令が定める事項	
電子提供措置をとらない株式会社（会施規63）	電子提供措置をとる株式会社（改会施規95の3）
①　定時株主総会開催日が前事業年度に係る定時株主総会の日に応当する日と著しく離れた日である場合の開催日の決定理由 ②　株式会社が公開会社である場合、当該日と同一日において定時株主総会を開催する他の株式会社が著しく多い場合、その開催日の決定理由	①　電子提供措置事項に係る情報を掲載するウェブサイトのアドレス、その他の株主が電子提供措置をとっているページに到達するために必要な事項 ②　EDINETの特例（上記「会社法が定める事項⑥」）を利用したときは、当該EDINETに係るウェブサイト

③　株主総会開催場所につき、過去に開催した株主総会のいずれの場所とも著しく離れた場所であるときは、その場所の決定理由（当該場所が定款で定められたものである場合又は当該場所で開催することについて株主総会に出席しない株主全員の同意がある場合を除く）

④　株主総会参考書類に記載すべき事項（※1）

⑤　書面投票の行使期限（※1）

⑥　電子投票の行使期限（※1）

⑦　議決権行使書面に賛否の記載が無い場合の取り扱い（※1）

⑧　ウェブ開示することにより株主に対して提供する株主総会参考書類に記載しない事項（※1）

⑨　一の株主が同一の議案につき、重複して議決権を行使した場合の取り扱い（※1）

⑩　電磁的方法による招集通知の受領を承諾した株主の請求があった時に、当該株主に対して議決権行使書面の交付をする場合はその旨（※2）

⑪　代理人による議決権の行使について、代理権（代理人の資格を含む。）を証明する方法、代理人の数その他代理人による議決権の行使に関する事項を定めたときは、その事項

⑫　取締役会設置会社において、株主が議決権の不統一行使をする旨及びその理由を会社へ通知する方法を定

のアドレス、その他の株主が内容を閲覧するために必要な事項

めた場合はその方法 ⑬　会社法 298 条 1 項 3 号又は 4 号に掲げる事項を定めないときは、会社法施行規則 63 条 7 号イからタの事項（議案が確定していない場合にあってはその旨）	

※1　株主総会に出席しない株主が書面又は電磁的方法によって議決権を行使することができる場合（会 298 ①三・四）に限る。

※2　会社法 298 条 1 項 3 号及び 4 号に掲げる事項を定めた場合に限る。

4 ｜ 書面交付請求

⑴　書面交付請求とは

　電子提供措置を導入した株式会社の株主は、株式会社の株主総会招集通知に記載されているウェブサイトにアクセスをして電子提供措置事項を閲覧することとなる。

　しかしながら、インターネットを利用することが困難な株主保護のため、電子提供措置事項が記載された書面の交付を請求することができるとする「書面交付請求」の制度が設けられている（改正法 325 の 5 ①）。この書面交付請求権は、定款によっても排除することはできない。

　なお、書面による通知の発送に代えて、電磁的方法により "招集通知" を発することを承諾した株主は（会 299 ③）、書面交付請求を行うことはできない（改正法 325 の 5 ①）。

⑵　株主の個別承諾に基づく電磁的方法よる招集通知の発信

①　電磁的方法による招集通知の発信

　ここまで、改正会社法によって「株主総会資料の電子提供制度」が新設されること、現行会社法においても「株主の個別承諾による株主総会資料の電子提供制度」と「ウェブ開示によるみなし提供制度」が利用可能であることについて解説してきた。

　冒頭の概要部分でも触れたが、今回の改正会社法における「株主総会資料の電子提供制度」は、株主総会資料についてのことであり、招集通知の電子

化にかかることではない。株式会社は、株主の承諾を得て、書面に代えて電磁的方法よって"招集通知"を発信することもできる（会299③）。この「株主の個別承諾による株主総会資料の電子提供制度」について、前記(1)において「電磁的方法により"招集通知"を発することを承諾した株主は（会299③）、書面交付請求を行うことはできない（改正法325の5①）」旨の記載をしたため、ここで改めて触れておくこととする。

株式会社は、電磁的方法による招集通知発信の承諾をした株主に対しては、株主総会参考書類及び議決権行使書面を電磁的方法で提供することが可能である（会301②）。さらに、事業報告や計算書類等についても電磁的方法で提供することが可能である（会437、会施規133②）。

②　株主の承諾を得る手続き

株主の承諾を得るための手続は、株式会社が株主に対して、招集通知を電子メールで送信することについての承諾の勧誘、及び承諾した場合の電子メールアドレス登録のために案内文書を送付し、株主自身が案内文書に記載されたウェブサイトにアクセスして、招集通知を受けとるメールアドレスを登録することによってなされる方法等がある（会社法施行令2）。

なお、電磁的方法としては電子メールの他にもウェブサイトを利用することや、情報を記録したCD-ROM等の電子媒体を交付することが考えられるが、実務上は電子メールによって提供されたURLにアクセスする方法が多いものと思われる。

③　電磁的方法による招集通知の利用状況

株主総会招集通知を電子化することは、「株主総会資料の電子提供制度」と同様に、株式会社としては招集通知作成や印刷発注及び校正にかかる時間と人件費、印刷費用、郵送費用の削減というメリットがあり、株主としても株式会社が電子メール等を発出した日に、ただちに内容を把握できるというメリットがあると考えられる。

しかしながら「2021年度全株懇調査報告書」の書類の電子化（年度別調査集計結果）等をみるに、電磁的方法による招集通知を採用している株式会社の割合は低いようである。この理由について、今回の改正会社法の論点と同様、インターネットを利用することを苦手とする株主に関することも考えられるかもしれないが、株主の個別承諾を得ること自体も容易ではない

点、株主から請求があった場合には株主総会参考書類、議決権行使書面を交付しなければならない点、承諾をした株主が少ない結果、招集通知を作成するための印刷発注及び校正にかかる時間と人件費、印刷費用、郵送費用は、結局のところ、ほとんど変わらないことなどが挙げられているようである。

⑶ 書面交付請求と電子提供措置事項が記載された書面の交付

電子提供措置をとる旨の定款の定めがある株式会社の株主は、会社に対して、電子提供措置事項が記載された書面の交付請求を行うことができる（改正法325の5①）。

我が国において13歳～59歳の年齢層におけるインターネット利用が90％を超えている一方で、60歳～69歳の年齢層では76.6％、70歳～79歳の年齢層では51.0％、80歳～89歳の年齢層では21.5％に留まっている。

電子提供措置をとるにあたっては、このようにインターネットを利用することが困難である株主の利益を考慮し、書面交付請求をした株主に対して、電子提供措置事項が記載された書面の交付を行うこととなった。

⑷ 書面交付請求の方法と請求の時期

① 書面交付請求の方法

電子提供措置をとる旨の定款の定めがある株式会社の株主は、会社に対し、振替株式の株主は発行者である株式会社の直近上位機関（株主が証券口座を開設している証券会社等）を経由して、電子提供措置事項が記載された書面の交付請求を行う（改正法325の5①、振替法159の2②）。

② 書面交付請求の時期

株式会社が、株主総会において議決権を行使することができる者を定める基準日を設けている場合、株主は当該基準日までに書面交付請求を行わなければならない（改正法325の5②）。

電子提供措置をとる株式会社の株主総会招集通知の発送期限は、株主総会の日の2週間前の日（改正法325の4①）であり、電子提供措置開始の時期は株主総会の日の3週間前である。基準日は権利行使の3か月前までの日（会124②）であることから、電子提供措置開始日よりも前に到来するが、この基準日については、定款で特に定めた場合を除き、基準日の2週間前ま

でに公告することとされている（会124③）し、定時株主総会の基準日は、一般的に事業年度の末日とする旨が定款に規定されているため、株主にとって特に不都合であることもないであろう。

　株式会社が基準日を設けていない場合は、会社法299条1項の株主総会招集通知の発出時までに書面交付請求が会社に到達している必要があると解されている（竹林俊憲編著『一問一答・令和元年改正会社法』33頁（商事法務、2020））。

⑸　振替株式の株主は、銘柄ごとに書面交付請求を行うことができるか否か

　改正振替法において、振替株式の株主は、保有する個々の銘柄（振替株式）ごとに、その直近上位機関である口座管理機関に対して、書面交付請求の取次ぎを請求することが認められることとなった（振替159の2②）。

　この、銘柄ごとの請求については、2020年3月31日株式会社証券保管振替機構の「株式等振替制度における株主総会資料の書面交付請求に係る要綱」でも触れられている。

　また、振替株式の株主は発行者である株式会社の直近上位機関（株主が証券口座を開設している証券会社等）を経由して、電子提供措置事項が記載された書面の交付請求を行う（改正法325の5①、振替法159の2②）こととなったが、これらについては下記のような議論がなされていた。

会社法制（企業統治等関係）の見直しに関する中間試案の補足説明第一部、第1−4−⑵

部会においては、(ii)の案によるものとすることを前提とした上で、振替株式に関する書面交付請求の仕組みについて、⑦書面交付請求を口座管理機関及び振替機関を経由して株式会社（株主名簿管理人）に対して行うものとする案、⑦口座管理機関のみを経由して株式会社（株主名簿管理人）に対して行うものとする案、⑦口座管理機関及び振替機関を経由せずに、株式会社（株主名簿管理人）に対して行うものとする案について議論された。⑦の案に対しては、口座管理機関による負担が大きくなる懸念があること、また、⑦の案に対しては、株主名簿管理人が書面交付請求を受けた時点において書面交付請求をした株主が振替口座簿上の株主であるかどうかを確認することが難しいことなどから、⑦の案を支持する意見が多く出された。そこで、試案においては、試案第1の4⑵①の

（注１）のとおり、㋐の案によるものとしている。

　（ⅱ）㋐の案については、より具体的に、(a)現在の配当金の受取方式に関する振替システム上の仕組み（いわゆる単純取次方式）を参考として、株主が銘柄ごとに書面交付請求をすることができるものとする案、(b)共通番号の照会に関する振替システム上の仕組みを参考として、株主は保有する全ての銘柄についてのみ書面交付請求をすることができるものとする案が考えられる。部会においては、インターネットを利用することが困難な株主の利益を保護するという書面交付請求権の趣旨からすると、(a)の案のように銘柄ごとに書面交付請求をすることができるものとするまでの必要はないという理由等から、(b)の案を支持する意見がより多く出された。上記(a)と(b)の案のいずれによるべきかについては、システム対応の負担や実務上の影響等を踏まえ、なお検討する必要があると考えられる。

　なお、部会においては、振替株式に関する書面交付請求の仕組みについて、株主が書面交付請求をした旨を振替口座簿の記録事項とする案についても議論されたが、この案に対しては、振替制度に関わるシステムを大幅に変更しなければならなくなるといった懸念があり、採ることが難しいという指摘がされている。

⑹　振替株式の株主の書面交付の対象

　加入者（振替株式の株主）は、次に掲げる振替株式の発行者に対する書面交付請求の取次ぎを、その直近上位機関（振替株式の口座が開設されている振替機関（証券会社））に対して請求することができる。また加入者は、会社法第325条の5第1項に基づき、株式等振替制度を利用しないで発行者（株式を発行している株式会社）に対して直接、書面交付請求をすることも可能である。

　㋐　加入者の口座の保有欄に記載又は記録がされた振替株式（当該加入者が振替法151条2項1号の申出をしたものを除く。）

　㋑　加入者が他の加入者の口座における特別株主である場合には、当該口座の保有欄に記載又は記録がされた振替株式のうち当該特別株主についてのもの

　㋒　加入者が他の加入者の口座の質権欄に株主として記載又は記録がされた者である場合には、当該質権欄に記載又は記録がされた振替株式のうち当該株主についてのもの

㈛　加入者が振替法 155 条 3 項の申請をした振替株式の株主である場合には、買取口座に記載又は記録がされた振替株式のうち当該株主についてのもの

⑺　書面交付請求と定款による記載事項の制限

電子提供措置をとる旨の定款の定めがある株式会社の株主は、会社に対して、電子提供措置事項が記載された書面の交付請求を行うことができるが、この「書面交付請求」については、電子提供措置事項のうち法務省令で定めるものの全部又は一部について記載することを要しない旨を定款で定めることもできることとされている（改正法 325 の 5 ③・①）。

⑻　定款による書面交付請求記載事項の制限とウェブ開示制度の定款規定

改正会社法施行後の電子提供制度を導入した会社は、電子提供措置事項を自社のホームページに掲載することとなる。他方、現行会社法によるウェブ開示によるみなし提供制度を採用している会社も、株主総会参考書類、事業報告及び計算書類に表示すべき事項の一部について、当該事項に係る情報を定時株主総会に係る招集通知を発出する時から株主総会の日から 3 か月が経過する日までの間、継続してインターネット上のウェブサイトに掲載する（会施規 133 ③、会計規 133 ④）。ウェブ開示の範囲に違いはあるものの、双方ともにウェブ開示をするのであるから、現在すでにウェブ開示によるみなし提供制度を導入している会社が、新たに改正会社法による電子提供制度を導入した場合、現行会社法のウェブ開示制度は、あまり意味がないのではないかとの考え方もある。

しかしながら、改正会社法による電子提供制度導入時、前記⑺のように、電子提供措置事項のうち法務省令で定めるものの全部又は一部について記載することを要しない旨を定款で定める場合、現行会社法に基づくウェブ開示制度における定款規定を、そのまま電子提供措置事項のうち法務省令で定めるものの全部又は一部について記載することを要しない旨の規定として用いることができるのか、あるいは両社は別物であるから、あらたに電子提供制度における書面交付請求の除外規定を定める必要があるのかという論点もある。また、これらの規定は併存することができるのか否かという論点もあるだろう。これらの点は、現行会社法のウェブ開示請求に関する定款の規定を、改正会社法における電子提供制度における書面交付請求の除外規定として流用する

ことはできないため、新たな定款変更が必要であるとされる（神田秀樹ほか「＜座談会＞令和元年改正会社法の考え方」12頁〔竹林発言〕（旬刊商事法務2230号））。

　また、両規定は併存して定めることも可能ではあるが、電子提供措置をとる旨の定款の定めを設ける場合は、ウェブ開示によるみなし提供制度にかかる定款の定めは削除することが合理的だと思われる。

⑼　書面交付請求を行うことができる株主

　書面交付請求を行うことのできる株主は、そもそも電子提供措置をとる旨の定款の定めがある株式会社の株主であることが前提となる。しかしながら、書面による通知の発送に代えて、電磁的方法により通知を発することを承諾した株主（会299③）は書面交付請求を行うことができない。

　単元未満株主であっても書面交付請求を行うことができるものの、電子提供措置事項記載書面自体、株主総会招集に際して交付されるため、単元未満株式であることによって議決権がない等を理由に、当該単元未満株主に招集通知を発する必要がない場合、その単元未満株主には電子提供措置事項を記載した書面を交付しなくともよい。

⑽　書面交付請求により交付される書面とその内容

　㈠　書面交付の方法

　　書面交付請求がなされた後、株式会社は株主名簿に記載又は記録された株主の住所に書面を発出すればよい。

　㈡　書面交付請求によって交付される書面の内容

　　株主から株式会社に書面交付請求がなされた場合、その交付される書面に記載される事項は、電子提供措置事項の内容（改正法325の3①）と同内容ではなく、電子提供措置対象のうち、最低限のものでよいとされている（改正会施規95の2・95の3・95の4）。

⑾　書面交付請求の効力

　一度された書面交付請求は、その後全ての株主総会及び種類株主総会について効力を有すると解されている（竹林俊憲編著『一問一答・令和元年改正会社法』38頁（商事法務、2020））。一度だけの書面交付請求によって、株式会社がそれ以後の一切の株主総会及び種類株主総会について電子提供措置事項

を記載した書面の提供を継続して行わなければならないこととなると、書面交付請求を行った株主が年々累積してしまい、事務負担が年々増加していく可能性がある。この問題については、中間試案では直接には取り上げられていなかったが、その後のパブリックコメントを受けて、法制審議会でも様々な議論がなされることとなった（神田秀樹「『会社法制（企業統治等関係）の見直しに関する要綱案』の解説」11頁（旬刊商事法務2191号））。これらの議論を経て、改正会社法では、書面交付請求をした株主がある場合において、その書面交付請求の日から1年を経過したときは、株式会社は、当該株主に対し、当該書面交付を終了する旨を通知し、かつ、これに異議のある場合には1か月以上の催告期間内に異議を述べるべき旨を催告することができるものとされた。この催告を受けた株主が、株式会社に対して異議を述べた場合には、書面交付請求は引き続き効力を有することとなるが、当該異議を述べた日から1年を経過すると、株式会社は再度株主に対して、書面交付を終了する旨を通知することができ、株主はこれに異議を述べることができることとなっている。なお、株主が株式会社から書面交付を終了する旨の催告を受けた際に、異議を述べなかった場合には、催告期間を経過したときに、書面交付請求の効力を失うこととされている（改正法325の5④⑤）。また、株主が催告期間内に異議を述べなかったことによって、書面交付請求の効力を失ってしまったとしても、その後、当該株主が再度書面交付請求をすることは可能である。

　この書面交付請求終了の異議催告が、具体的にどのような方法で実施されていくのかは、今後検討されていくこととなるであろう。電子提供措置をとる旨の定款の定めがある株式会社では、株主ごとに書面交付請求又は異議申述が行われた日を管理していくことになると思われるが、株主ごとに送付する資料の種類が異なることとなると事務コストが増加してしまうことにもなりかねない。この点については、書面交付請求終了の異議催告は、改正会社法上、独立した書面で個別に送付しなければならないとはされていないことから、送付物に実質として書面交付請求終了の異議催告が含まれていれば、例えば招集通知の中に異議催告文言を記載する方法でも問題ないとされている。ただし、書面交付請求終了の異議催告であることが株主にも理解できる書面であり、また、「いついつまでに書面交付請求を行使した株主が今回の終了異議催告の対象になりますよ」という記載をする形なら、許容されると解されている（神田秀樹ほか「＜座談会＞令和元年改正会社法の考え方」14頁

〔神田・石井発言〕(旬刊商事法務 2230 号))。

　前述のとおり、株主からの書面交付請求は、一度の請求でその後も引き続き効力を有することとなるため、今後の実務上の取扱いについて試行錯誤されていくことと思われる。おそらく、当事者である株式会社や株式事務関係者が大きく関心をよせているのは、書面交付請求が実際にどの程度利用されるのかという点ではなかろうか。個人株主の動向は誰にも予測することはできないが、改正会社法が施行され、書面交付請求を実施できる時期以降に株主総会を開催する株式会社において、どの程度の書面交付請求がなされるであろうか。株式会社の規模、株主数などによって、書面交付請求の利用件数やその利用割合に差が出ることが予想されるが、利用件数の多寡によっては、前述の書面交付の終了の催告の方法も対応が異なってくると思われる。株主総会資料の電子提供制度が新たに設けられることとなった趣旨は、前述のとおりである。株主総会資料を印刷したり、株主に郵送したりする時間や費用等が削減され、これまでよりも早期に株主に対して株主総会資料が提供されることにより、株主による議案等の検討期間が確保されることが期待されている。個人投資家の動向はふたを開けてみなければわからないが、改正会社法下の招集通知の内容として、法定の必要事項のみを記載した招集通知を送付することとなると、個人株主の議決権行使率の低下を招くおそれがあるという意見(神田秀樹ほか「<座談会>令和元年改正会社法の考え方」10 頁〔井上発言〕(旬刊商事法務 2230 号))もあり、また、無用な書面交付請求を誘発してしまうおそれもあるのではないかと考えられる。当事者である株式会社や株式事務関係者においては、この新しい制度の趣旨を踏まえ、任意の書面を交付するなどの方法を模索しているところであり、今後の実務動向を注視する必要があると思われる。

5 | その他

(1) 電子提供措置の中断

　電子提供措置をとる場合、ウェブサイトとして使用するサーバのダウン等により電子提供措置期間中に電子提供事項がウェブサイトに掲載されない期間が生じたり、ハッカーやウイルス感染等による改ざん等によって電子提供事項と異なる情報がウェブサイトに掲載されてしまったりする事態

が生じる可能性がある。改正会社法では、株主が提供を受けることができる状態に置かれた情報がその状態に置かれないこととなったこと又は当該情報がその状態に置かれた後改変されたことを電子提供措置の中断として、電子公告と同様に、一定の要件を満たす場合には、電子提供措置の効力に影響を及ぼさないものとしている（改正法325の6）。一定の要件とは、下記①から④とされている。なお、下記要件における「電子提供措置期間」（改正法325の3①）の考え方として、例えば早期開示で株主総会の4週間前に電子提供措置を行った会社の場合であっても、「電子提供措置期間」は、法定の株主総会の日の3週間前の日が開始日となるとされている（神田秀樹ほか「＜座談会＞令和元年改正会社法の考え方」11頁〔竹林発言〕（旬刊商事法務2230号））。

① 電子提供措置の中断が生ずることにつき株式会社が善意でかつ重大な過失がないこと又は株式会社に正当な事由があること（改正法325の6一）。

② 電子提供措置の中断が生じた時間の合計が電子提供措置期間（株主総会の日の3週間前の日又は株主総会の招集の通知を発した日のいずれか早い日（電子提供措置開始日）から株主総会の日後3か月を経過する日までの間）の10分1を超えないこと（改正法325の6二）。

③ 電子提供措置開始日から株主総会の日までの期間中に電子提供措置の中断が生じたときは、当該期間中に電子提供措置の中断が生じた時間の合計が当該期間の10分の1を超えないこと（改正法325の6三）。

④ 株主会社が電子提供措置の中断が生じたことを知った後速やかにその旨、電子提供措置の中断が生じた時間及び電子提供措置の中断の内容について当該電子提供措置に付して電子提供措置をとったこと（改正法325の6四）。

上記③の要件は、電子公告の中断の救済に関する要件に該当するものがない（会940③）。電子提供制度では、株主総会の招集の手続きとして株主総会参考書類等の内容である情報について電子提供措置をとることを求めているため、電子提供措置開始日から株主総会の日までの期間内に長期間の中断が生じた場合まで救済することは相当でないと考えられているためである（竹林俊憲ほか「令和元年改正会社法の解説〔Ⅰ〕」12頁（旬刊商事法務

2222 号))。

　改正会社法 325 条の 3 第 1 項の規定に違反して、電子提供措置をとらなかった場合には、過料の制裁の対象となる（改正法 976 十九の 2）。また、電子提供措置開始日から株主総会の日までの期間に電子提供措置の中断の救済要件を満たさない中断が生じた場合は、招集の手続が法令に違反したときに該当するため、その電子提供措置の中断が当該株主総会の決議取消事由となる。一方で、株主総会の日後に電子提供措置の中断が生じた場合には、株主総会の招集の手続きが法令に違反したときには該当せず、株主総会の決議取消事由には該当しないと解されている（神田秀樹ほか「＜座談会＞令和元年改正会社法の考え方」12 頁〔神田発言〕（旬刊商事法務 2230 号））。これに対し、電子提供措置開始日から株主総会の日までの期間中に改正会社法 325 条の 6 の規定によっても救済されない電子提供措置の中断が生じた場合には、その電子提供措置の中断は、当該株主総会の決議の取消事由となると解されている。電子提供措置開始日から株主総会の日までの期間中に電子提供措置の中断が生じた時間の合計が当該期間の 10 分の 1 を超えない場合であっても、株主総会の日後の期間中に電子提供措置の中断が生じた時間を含めた時間の合計が電子提供措置期間の 10 分の 1 を超えるときは、同条の規定によっても救済されないため（改正法 325 の 6 二・三）、その電子提供措置の中断は当該株主総会の決議取消事由となると解されている（竹林俊憲編著『一問一答・令和元年改正会社法』42 頁（商事法務、2020））。

　前述のように、電子提供措置の中断についての救済措置が設けられているとはいえ、実際に電子提供措置の中断が生じた場合には、株主総会の決議取消事由となるなど、法的安定性に不安を覚えるのは言うまでもない。関係者が万全の体制をとったうえでも不測の事態が生じる可能性はゼロとはならないためである。そこで、改正会社法では、電子提供措置に係る情報を掲載するウェブサイトの数を制限していないことから、あらかじめ、複数のウェブサイトに電子提供措置事項に係る情報を掲載したり、電子提供措置の中断が生じた場合に他のウェブサイトに電子提供措置事項に係る情報を掲載したりするなどの対応策も検討されている。また、東京証券取引所（東証）も電子提供措置の中断が生じた場合のバックアップとして、補助的な位置づけで東証ホームページの株主総会資料の公衆縦覧サイトの URL を参照先と指定することについて、了承しているとのことである。ただ、どの範囲で何ができるのかという点も含め、いまだ決まっていない

ようなので、今後の動向に注意しておく必要がある（神田秀樹ほか「＜座談会＞令和元年改正会社法の考え方」12頁〔竹林発言〕（旬刊商事法務2230号））。なお、このように複数のウェブサイトに電子提供措置事項に係る情報を掲載したり、電子提供措置の中断が生じた場合に他のウェブサイトに電子提供措置事項に係る情報を掲載する場合には、株主総会の招集通知記載事項に注意する必要がある。電子提供措置をとる場合、株主総会の招集通知には、①電子提供措置をとっているときはその旨、②EDINETを用いて電子提供措置をとることを要しないとしているときはその旨、③その他法務省令で定める事項を記載し、又は記録しなければならないとされている。これを受けて、改正会社法施行規則95条の3第1項では、それぞれの内容が確認できるウェブサイトのアドレスを記載し、又は記録しなければならないとしているため、バックアップのウェブサイトを準備する場合には、もれなく招集通知にそのアドレスを記載又は記録する必要があることとなっている。

⑵　種類株主総会への準用

　改正会社法325条の2第1項では、「株式会社は、取締役が株主総会（種類株主総会を含む。）の招集の手続を行うときは～」としていることからも、電子提供措置をとる旨の定款の定めがある場合には、株主総会であるか種類株主総会であるかを問わずに、電子提供措置をとらなければならないこととなり、同条の規定による定款の定めの内容として、株主総会に係る定款の定めと種類株主総会に係る定款の定めを別個に観念していないとされている（竹林俊憲ほか「令和元年改正会社法の解説〔Ⅰ〕」13頁（旬刊商事法務2222号））。つまり、電子提供措置をとる旨の定款の定めは、株主総会に限るとか、種類株主総会に限るなどとすることはできないこととなっており（邉英基「令和元年改正会社法の実務対応⑴株主総会資料の電子提供制度への実務対応」53頁（旬刊商事法務2230号））、このことは、書面交付請求についても同様である（竹林俊憲ほか「令和元年改正会社法の解説〔Ⅰ〕」13頁（旬刊商事法務2222号））。

　また、種類株主総会には定時株主総会に相当するものが存在しないことから、定時株主総会に関係する規定を準用することは適当ではないため、改正会社法325条の7において、株主総会に関する規定について、その一部を除き種類株主総会について準用する旨の規定が置かれている。

6 | 電子提供措置をとる場合 又は廃止する場合の登記

(1) 概説

　株主にとって、自己が保有する株式の発行会社が電子提供措置をとる旨の定款の定めを設けているかどうかは重要な確認事項であり、これから株式を保有するものにとっても、同様に重要な確認事項である。前述のとおり、上場会社など、振替株式を発行する会社については、類型的にその株式の売買が頻繁に行われ、不特定多数の株主が存在することが容易に想定され、所有と経営の分離も大きく、株主総会において議決権を行使するために株主総会資料の内容を検討する期間を確保することが重要であるから、電子提供制度を利用することが義務付けられている（改正振替法 159 の 2 ①）。一方で、電子提供制度を利用することができるものは、上場会社など、振替株式を発行する株式会社に限定されていない。つまり、非上場会社など、振替株式を発行していない会社であっても、電子提供制度を利用することは可能であるため、その点で、登記によりその旨を公示する必要性があるという点は言うまでもない。そこで、電子提供制度を採用する会社は、改正会社法 325 条の 2 の規定による電子提供措置をとる旨の定款の定めを登記しなければならないとされている（改正法 911 ③十二の二）。登記される事項は、「電子提供措置をとる旨の定款の定め」となっており、電子提供措置事項に係る情報を掲載する具体的なウェブサイトのアドレスは登記事項とはなっておらず、この点は、電子公告の場合の登記事項とは異なる（改正法 911 ③二十八イ、会施規 220 ①二）。立法担当官の説明によると、電子提供措置に係るウェブサイトのアドレスについては、招集通知の記載事項として株主に提供されることとなり、登記事項とする必要性は高くなく、また、当該アドレスを変更するたびに変更登記の申請を要するものとすることは煩雑であるため、電子公告と異なり、登記事項とはしていないとされている（竹林俊憲ほか「令和元年改正会社法の解説〔 I 〕」12 頁（旬刊商事法務 2222 号））。

　株式会社の設立後、定款を変更して改正会社法 325 条の 2 の規定による電子提供措置をとる旨の定款の定めを設けた場合には、2 週間以内に、その本店の所在地において、変更の登記をしなければならない（会 915 ①）。

　上場会社など振替株式を発行している株式会社については、令和 4 年 9 月 1 日が整備法附則 3 号に定める日（公布の日から起算して 3 年 6 か月を超え

ない範囲内において政令で定める日）とされ、電子提供措置をとる旨の定款の定めを設ける定款の変更の決議をしたものとみなされる（整備法10②）。そして、当該株式会社は、令和4年9月1日から6か月以内に、その本店の所在地において、改正会社法911条3項第12号の2に掲げる事項の登記をしなければならない（整備法10④）とされているが、改正会社法911条3項第12号の2に掲げる事項の登記をするまでに他の登記をするときは、当該他の登記と同時に改正会社法911条3項第12号の2に掲げる事項の登記をしなければならないとされている（整備法10⑤⑥）。なお、改正会社法施行前に改正会社法の施行を条件として、電子提供措置をとる旨の定款の定めを設ける定款変更決議を行った会社についても、上記整備法10条3項〜5項が適用されると解されている（神田秀樹ほか「＜座談会＞令和元年改正会社法の考え方」15頁〔竹林発言〕（旬刊商事法務2230号））。

　上場会社など振替株式を発行する株式会社における事例別で、電子提供措置をとる旨の定款の定めの登記申請期限についてまとめると、以下のとおりとなる。

［電子提供措置をとる旨の定款の定めの登記申請期限］

番号	事例	登記期限
1	改正会社法施行前に改正会社法の施行を条件として、電子提供措置をとる旨の定款の定めを設ける定款変更決議を行った上場会社	下記、2又は3のいずれか該当する登記期限と同様
2	整備法10条2項の規定により電子提供措置をとる旨の定款の定めを設ける定款の変更の決議をしたものとみなされた上場会社	改正会社法施行日から6箇月以内（整備法10④）
3	上記2の株式会社のうち改正会社法施行日から6箇月以内に他の登記をする株式会社※	当該他の登記と同時に申請することとなるため、当該他の登記にかかる登記事項の変更日から2週間以内（会915①、整備法10⑤）

※上場会社の場合、新株予約権の行使による変更登記は頻繁に行われている。また、各企業の取組みにおいて、募集株式の発行などを実施することもあるかもしれないし、

施行日次第では、施行日から6箇月の間に定時株主総会が開催される場合もあるかもしれない。改正会社法施行後において登記申請を予定している株式会社の場合には、電子提供措置をとる旨の定款の定めがあるとする登記申請について、もれなく実施するよう注意を要する。

(2) 登記の事由

定款に、改正会社法325条の2の規定による電子提供措置をとる旨を定めた場合には、その定めを登記する必要がある（改正法911③十二の二）。

(3) 登記すべき事項

電子提供措置事項に係る情報を掲載する具体的なウェブサイトのアドレスは登記事項とはなっていない点については、前述のとおりである。

① 新たに電子提供措置をとる旨の定款の定めを設ける場合
「電子提供措置をとる旨の定款の定め」及び「設定年月日」

② 電子提供措置をとる旨の定款の定めを廃止する場合
「電子提供措置をとる旨の定款の定めを廃止した旨」及び「廃止年月日」

(4) 添付書面

① 整備法10条2項の規定により電子提供措置をとる旨の定款の定めを設ける定款の変更の決議をしたものとみなされた株式会社
　i 当該場合に該当することを証する書面（整備法10⑦）平成21年振替制度への一斉移行時は、株式会社証券保管振替機構から該当書面が発行されていた。添付書類としてどのような書面となるかについては、現時点では検討中とのことである（神﨑満治郎ほか「＜座談会＞会社法・商業登記法の改正と今後の登記実務の展望」21頁〔南野発言〕（登記情報701号））。
　ii 委任状（商登法18）

② 上記①以外で電子提供制度を採用する場合
　i 株主総会議事録（商登法46②）
　ii 株主の氏名又は名称、住所及び議決権数等を証する書面（株主リスト）（商登規61③）
　iii 委任状（商登法18）

③　電子提供措置をとる旨の定めを廃止する場合

 ⅰ　株主総会議事録（商登法 46 ②）

 ⅱ　株主の氏名又は名称、住所及び議決権数等を証する書面（株主リスト）（商登規 61 ③）

 ⅲ　委任状（商登法 18）

(5)　登録免許税

 電子提供措置をとる旨の定めの設定又は廃止の登記については、30,000 円である（登税別表 1 第 24 号(1)ツ）。

【記載例】電子提供措置をとる旨の定款規定例

（電子提供措置） 第●条　当会社は、株主総会の招集に際し、電子提供措置をとる。

【記載例】電子提供事項の一部について電子提供措置事項を記載した書面に記載することを要しない旨の定款規定例（※）

（電子提供措置事項を記載した書面に記載することを要しない事項） 第●条　当会社は、電子提供措置事項のうち法務省令で定めるものの全部について、会社法第 325 条の 5 第 1 項の書面交付請求をした株主に対し交付する書面に記載しないことができる。

※登記事項ではない

【記載例】登記申請書（整備法 10 条 2 項の規定により電子提供措置をとる旨の定款の定めを設ける定款の変更の決議をしたものとみなされた株式会社の場合）

株式会社変更登記申請書 1．会社法人等番号　　○○○○ - ○○ - ○○○○○○ フリガナ　　　　　ニッシレンショウジ 1．商　　号　　　　　日司連商事株式会社 1．本　　店　　　　　東京都新宿区四谷本塩町 4 番 37 号 1．登記の事由　　　　電子提供措置に関する定めの設定 1．登記すべき事項　　別紙のとおり 1．登録免許税　　　　金 30,000 円

1．添付書類

整備法 10 条 2 項に該当することを

証する書面　　　　　　　　　1 通

委任状　　　　　　　　　　　1 通

上記のとおり登記の申請をする。

令和○○年○○月○○日

東京都新宿区四谷本塩町 4 番 37 号

申請人　　　日司連商事株式会社

東京都新宿区四谷本塩町 4 番 37 号

代表取締役　　　日司連　一郎

東京都新宿区四谷本塩町 4 番 37 号

上記代理人　　司法書士　司法　太郎　　㊞

（電話番号　　○○○ – ○○○ – ○○○○）

東京法務局新宿出張所　御中

【記載例】登記申請書（任意に定款を変更して改正会社法 325 条の 2 の規定による電子提供措置をとる旨の定款の定めを設けた場合）

株式会社変更登記申請書

1．会社法人等番号　　○○○○ - ○○ - ○○○○○○

　　フリガナ　　　　　ニッシレンショウジ

1．商　　号　　　　　日司連商事株式会社

1．本　　店　　　　　東京都新宿区四谷本塩町 4 番 37 号

1．登記の事由　　　　電子提供措置に関する定めの設定

1．登記すべき事項　　別紙のとおり

1．登録免許税　　　　金 30,000 円

1．添付書類

株主総会議事録　　　　　　　1 通

株主の氏名又は名称、住所及び

議決権数等を証する書面（株主リスト）　1 通

```
                委任状                    1 通


上記のとおり登記の申請をする。


令和○○年○○月○○日


    東京都新宿区四谷本塩町 4 番 37 号
    申請人　　日司連商事株式会社
    東京都新宿区四谷本塩町 4 番 37 号
    代表取締役　　日司連　一郎
    東京都新宿区四谷本塩町 4 番 37 号
    上記代理人　　司法書士　司法　太郎　　㊞
    （電話番号　○○○－○○○－○○○○）


東京法務局新宿出張所　御中
```

【記載例】登記すべき事項（新たに電子提供措置をとる旨を定款に定めた場合）

```
「電子提供措置に関する事項」
当会社は、株主総会の招集に際し、電子提供措置をとる。
「原因年月日」令和○年○月○日設定
```

【記載例】登記すべき事項（電子提供措置をとる旨の定款の定めを廃止した場合）

```
「電子提供措置に関する事項」
「原因年月日」令和○年○月○日廃止
```

7 ｜ 施行日等

(1)　経過措置

　まず、振替株式を発行していない株式会社の場合であるが、改正会社法により新たに創設される電子提供制度について、改正会社法附則には特段の経過措置が定められていない（なお、改正会社法附則 2 条では、経過措置の原則

が定められている。）。したがって、振替株式を発行していない株式会社の場合、改正会社法の施行日後、定款を変更して電子提供措置をとる旨の定款の定めを設けた場合には、それ以後の株主総会の手続きにおいて、電子提供制度が採用されることとなる。

　次に、上場会社など振替株式を発行している株式会社の場合は、令和 4 年 9 月 1 日（整備法附則三）（公布の日から起算して 3 年 6 か月を超えない範囲内において政令で定める日）をその定款の変更が効力を生ずる日とする電子提供措置をとる旨の定款の定めを設ける定款の変更の決議をしたものとみなされる（整備法 10 ②）（この経過措置に関する変更登記の要否については前述（4 ⒁）のとおりである。）。前述のとおり振替株式を発行している株式会社は、電子提供措置をとる旨を定款で定めなければならないとされているため（改正振替法 159 の 2 ①）、経過措置を定めなければ、改正会社法の施行日までに一律に定款変更の手続きを実施しなければならないこととなり、実務に大きな混乱を招くことになりかねないため、このような経過措置が設けられている。なお、整備法 10 条 2 項のみなし定款変更については、「電子提供措置をとる旨の定款の定めを設ける定款の変更」となっている。前述の電子提供措置事項を記載した書面の記載事項の一部省略に関する定めについての経過措置は定められておらず、現行会社法における「ウェブ開示によるみなし提供制度」に関する定款の規定を、新たな制度に関する定款の規定としてそのまま流用することはできないと解されている（神田秀樹ほか「＜座談会＞令和元年改正会社法の考え方」13 頁〔竹林発言〕（旬刊商事法務 2230 号））。したがって、当該定款の定めを設けるのであれば、別途定款変更決議が必要となる。

　また、書面交付請求はいつでも行えるものの、対象となる株主総会の招集通知が発出されるまで（当該株主総会において議決権を行使することができる者を定めるための基準日を定めた場合にあっては、当該基準日まで）に行わなければ、当該株主総会における書面交付請求は認められないこととなっている（改正法 325 の 5 ①②）。このため、株主が書面交付請求をするための期間を一定程度保障しておかないと、株主に不測の不利益を生ずるおそれがあるため、別途書面交付請求に関しても経過措置が定められている。整備法 10 条 3 項においては、上場会社など振替株式を発行している株式会社が、改正会社法の施行日から 6 箇月以内に開催する株主総会については、なお従前の例によるとして、株主に対して書面交付請求手続きについて準備期間を設けており、加えて、当該期間中は、書面交付請求をすることができるようになっ

ている。なお、この経過措置（整備法10③～⑤）は、改正会社法施行前に改正会社法の施行を条件として、電子提供措置をとる旨の定款の定めを設ける定款変更決議を行った会社についても、適用されると解されている。したがって、例えば改正前に改正会社法の施行を条件として、株主総会の決議によって電子提供措置をとる旨の定めを設ける定款変更の決議をしたという会社が、令和4年9月1日から6箇月以内に株主総会を開催する場合に、任意に電子提供措置を採用したいと考える場合であっても、電子提供措置をとることはできないと解されている（神田秀樹ほか「＜座談会＞令和元年改正会社法の考え方」15頁〔竹林発言〕（旬刊商事法務2230号））。

　その他、現行会社法のウェブ開示によるみなし提供制度に関する定款規定は、改正会社法施行後一定期間の経過によって必要がなくなるため、該当の定款規定を削除することになる。この改正会社法の施行に対応した定款附則の定め方の例については、神田秀樹ほか「＜座談会＞令和元年改正会社法の考え方」17頁（旬刊商事法務2230号）が非常に参考となるのでご確認いただきたい。

⑵　施行日

　電子提供制度に関する改正会社法の規定は、令和4年9月1日から施行される（改正法附則1、令和3年政令三三四）。

第2節 | 取締役の 報酬等

1 | 概　要

　取締役の報酬に関する規律に関しては、従来、株主の利益が害されることを防止する観点からの理解が主流であった。しかし、近年、取締役の報酬等によってその職務の執行についての適切なインセンティブの付与を図るべきであるとの観点からの主張がされるようになっていた。

　そこで、改正会社法では、これに応えると共に、取締役の報酬等の決定手続の透明性を向上させるための規律等を整備することとした。

　改正の概要は、下記の事項である。

①上場会社等における取締役等の報酬等の決定方針の決定の義務化

②株式報酬、新株予約権報酬（ストック・オプション）の付与手続の明確化及び規制の一部緩和

③公開会社における事業報告による情報開示の拡大

2 | 取締役の個別の報酬額の 決定の委任

　会社法では、指名委員会等設置会社を除き、株式会社の取締役の報酬等の額等は、定款又は株主総会の決議によって定めるとされている（会361①、404③）。

　実務上は、取締役の個別の報酬額が明らかとなることを避けるために、株主総会決議によって取締役の報酬総額の限度額のみを定め、その範囲内において、個別の取締役の報酬額の決定を取締役会に委任することが多い。判例は、取締役の報酬総額の限度額が決まっていれば、取締役のいわゆるお手盛りの危険は避けられるとして、この取扱いを適法としている（最判昭和60年

3月26日判時1159号150頁、田中亘『会社法〔第3版〕』260頁（東京大学出版会、2021））。

　さらに、実務上は、取締役会がその決議によって、特定の取締役に対して個別の取締役の報酬額の決定を再委任することも少なくない。判例は、これも適法としており（最判昭和31年10月5日集民23号409頁、最判昭和58年2月22日判時1076号140頁、田中亘『会社法〔第3版〕』260頁（東京大学出版会、2021））、学説も多くは判例に賛成するが、学説の一部には、再委任は代表取締役の監督の趣旨に反し認められないとする見解や、再委任には取締役全員の同意が必要であるとする見解もあった（学説の詳細は、落合誠一編『会社法コンメンタール8』166頁（田中亘）（商事法務、2014）及び久保田安彦「令和元年会社法改正の意義(3)令和元年会社法改正と取締役の報酬等規制」22頁（旬刊商事法務2232号）等を参照）。

　改正会社法では、上場会社等（注）についてではあるが、定款又は株主総会決議によって取締役会に対して取締役の個別の報酬額の決定を委任することができることを前提とする規定（改正法361⑦）を定め、さらに、改正会社法施行規則において、上場会社等の取締役会は、その決議によって取締役その他の第三者に対して再委任することができる旨（改正会施規98の5⑥）を明示した。

　これにより、上場会社等の再委任に関する法的安定性は高まったが、一方で、上場会社等以外の株式会社においては、会社法361条7項の規制が適用されないまま、取締役はもちろんその他の第三者に対しても取締役の個別の報酬額の決定を再委任することができるのか否か、取締役会の監督機能のあり方と関連して問題となる可能性がある。

（注）本稿において上場会社等とは、監査役会設置会社（公開会社であり、かつ、大会社であるものに限る。）であって、金融商品取引法の規定によりその発行する株式について有価証券報告書を内閣総理大臣に提出しなければならない会社及び監査等委員会設置会社をいう。

3 ｜ 個人別の報酬等の内容についての決定に関する方針の決定

　近年、投資家等から、取締役の報酬の決定手続等の透明性を高めることが強く求められており、取締役の報酬額が定款又は株主総会の決議において概括的に定められた場合における取扱いについて、何らかの規律を設けるべき

であると指摘されている（竹林俊憲ほか「令和元年改正会社法の解説〔Ⅲ〕」4頁（旬刊商事法務 2224 号））。

　これに対応するため、改正会社法では、取締役の報酬等の内容の決定手続等に関する透明性を向上させる観点から、上場会社等の取締役会は、取締役の個人別の報酬等の内容が定款又は株主総会の決議により定められている場合を除き、取締役の個人別の報酬等の内容についての決定に関する方針として下記の事項を決定しなければならないとされた（改正法 361 条⑦、改正会施規 98 の 5）。

① 取締役（監査等委員である取締役を除く。以下⑧までにおいて同じ。）の個人別の報酬等（下記の業績連動報酬等及び非金銭報酬等を除く。）の額又はその算定方法の決定に関する方針

② 取締役の個人別の報酬等のうち、業績連動報酬等がある場合には、当該業績連動報酬等に係る業績指標の内容及び当該業績連動報酬等の額又は数の算定方法の決定に関する方針

③ 取締役の個人別の報酬等のうち、非金銭報酬等がある場合には、当該非金銭報酬等の内容及び当該非金銭報酬等の額若しくは数又はその算定方法の決定に関する方針

④ 上記①の報酬等の額、業績連動報酬等の額又は非金銭報酬等の額の取締役の個人別の報酬等の額に対する割合の決定に関する方針

⑤ 取締役に対し報酬等を与える時期又は条件の決定に関する方針

⑥ 取締役の個人別の報酬等の内容についての決定の全部又は一部を取締役その他の第三者に委任することとするときは、次に掲げる事項

　　イ 当該委任を受ける者の氏名又は当該株式会社における地位若しくは担当

　　ロ イの者に委任する権限の内容

　　ハ イの者によりロの権限が適切に行使されるようにするための措置を講ずることとするときは、その内容

⑦ 取締役の個人別の報酬等の内容についての決定の方法（上記⑥の事項を除く。）

⑧ その他取締役の個人別の報酬等の内容についての決定に関する重要な事項

　なお、業績連動報酬等とは、取締役（監査等委員である取締役を除く。）の個人別の報酬等のうち、利益の状況を示す指標、株式の市場価格の状況を示す指標その他の当該株式会社又はその関係会社（会計規2③二十五）の業績を示す指標（業績指標）を基礎としてその額又は数が算定される報酬等のことをいうとされた（改正会施規98の5二）。

　また、非金銭報酬等とは、取締役（監査等委員である取締役を除く。）の個人別の報酬等のうち、金銭でないものであって、これには、募集株式又は募集新株予約権と引換えにする払込みに充てるための金銭を取締役の報酬等とする場合における当該募集株式又は募集新株予約権を含むものとされた（改正会施規98の5三）。

　これら、取締役の個人別の報酬等の内容についての決定に関する方針としての事項の決定は、重要な業務執行の決定（会362条④）であり、当該方針の決定を取締役に委任することはできないと解される（竹林俊憲編著『一問一答・令和元年改正会社法』82頁（商事法務、2020）、監査等委員会設置会社においては、改正法399の13⑤七）。

　株式会社が、法定の報酬委員会（会2二十二）ではない、任意の報酬委員会を設置している場合であっても、当該任意の報酬委員会に当該方針の決定を委任することはできないが、任意の報酬委員会が、当該方針の決定に関する素案等を答申し、取締役会がこれを承認する決議をすることはできると解される（竹林俊憲編著『一問一答・令和元年改正会社法』82頁（商事法務、2020））。

　なお、個人別の報酬等の内容についての決定に関する方針の決定を義務付けられた会社が、当該方針を決定せず、又は、決定した当該方針に反して取締役の個人別の報酬等を決定した場合は、当該報酬の決定は違法であり、無効であると解される（竹林俊憲編著『一問一答・令和元年改正会社法』77頁（商事法務、2020））。

4 ｜ 個人別の報酬等の内容についての　決定に関する方針の決定の経過措置等

　個人別の報酬等の内容についての決定に関する方針の決定については、特別な経過措置は設けられていないので、上場会社等は、改正会社法施行日以降に当該方針を決定しなければならないと解される。もっとも、改正会社法

施行日前に、既に要件を満たしている取締役会決議が存在するのであれば、施行日以後に改めて同じ内容の決議をする必要はない（神田秀樹ほか「＜座談会＞令和元年改正会社法の考え方」21頁（旬刊商事法務2230号））。

5 | 取締役の報酬等に関する株主総会における説明義務

改正前会社法では、取締役は、取締役の報酬等であって、不確定額である報酬等又は金銭以外の報酬等に関する事項を定め又は改定する株主総会の議案を提出する場合は、当該事項を相当とする理由を説明しなければならないとされる（会361④）一方で、確定報酬額を定める議案を提出するときは、取締役の説明義務が条文上明示されていなかった。

改正会社法では、取締役の報酬等の内容の決定手続に関する透明性を向上させるため、確定額を定める場合を含め、取締役の報酬等に関する事項を定め、又は改定する議案を株主総会に提出した取締役は、当該事項を相当とする理由を説明しなければならないとされた（改正法361条④）。本改正は、上場会社等のみならず全ての株式会社において適用される。

6 | 金銭以外による報酬等

(1) 株式を報酬等とする場合に決定すべき事項

改正前会社法では、金銭でないものを取締役の報酬等として付与する場合は、定款又は株主総会決議によって、その具体的な内容を決定しなければならないとされていた（会361①三）。

ところが、金銭以外の報酬の具体的な内容とはどのようなものかは解釈に委ねられており、必ずしも明確ではないため、特に株式及び新株予約権を報酬等とする場合は、明確にするべきであるとの要請があった（竹林俊憲編著『一問一答・令和元年改正会社法』84頁（商事法務、2020））。

そこで、改正会社法は、株式を報酬等とする場合について、定款又株主総会決議で定めなければならない事項を下記のとおりとして明確化した（改正法361①三、改正会施規98の2）。

> 　報酬等のうち当該株式会社の募集株式については、当該募集株式の数（種類株式発行会社にあっては、募集株式の種類及び種類ごとの数）の上限（改正法 361 ①三）及び下記事項
> ①　一定の事由が生ずるまで当該募集株式を他人に譲り渡さないことを取締役に約させることとするときは、その旨及び当該一定の事由の概要（改正会施規 98 の 2 一）
> ②　一定の事由が生じたことを条件として当該募集株式を当該株式会社に無償で譲り渡すことを取締役に約させることとするときは、その旨及び当該一定の事由の概要（改正会施規 98 の 2 二）
> ③　取締役に対して当該募集株式を割り当てる条件を定めるときは、その条件の概要（改正会施規 98 の 2 三）

(2)　株式を報酬とする場合の払込みの要否

　改正前会社法では、株式会社が募集株式の発行又は募集自己株式の処分をするときは、募集株式の払込金額又はその算定方法を定めなければならない（会 199 ①二）ため、その株式引受人は、必ず当該募集株式等と引換えに 1 円以上の財産を払込み又は給付しなければならない（会 208 条①②③、⑤）こととされていた。

　このことから、実務では、株式を取締役の報酬としようとする場合は、会社が取締役に対して金銭報酬を支払う決定をし、これによって取締役が会社に対して有することとなる報酬支払請求権を現物出資する方法によって、取締役を引受人とする募集株式の発行等を行い、株式を交付することが行われていた（いわゆる現物出資構成）。

　しかし、このような方法は、技巧的であることや株式を発行した場合における計算が明確でないことから、金銭の払込みを要しないで株式を交付することができるようにするべきであると指摘されていた（竹林俊憲編著『一問一答・令和元年改正会社法』88 頁（商事法務、2020））。

　そこで、改正会社法では、上場会社（本稿においては、金融商品取引法第 2 条第 16 項に規定する金融商品取引所に上場されている株式を発行している株式会社をいう。）に限定して、取締役の報酬等として株式の発行又は自己株式の処分をする場合、当該募集株式と引換えにする金銭の払込み又は現物出資財産の給付を要しない旨を定めることができるものとした（改正法 202 の 2 ①一）。

　上場会社に限定した理由は、上場会社以外の会社においては、その株式の公正な価値を算定することが容易ではないことから、上場会社以外の会社にまでこれを認めることによって、濫用による経営の不当な支配が生じることを危惧したためであるとされる（竹林俊憲編著『一問一答・令和元年改正会社法』92 頁（商事法務、2020））。

　なお、取締役の報酬等として無償発行する対象の株式は、必ずしも上場されている株式に限られず、上場会社が、上場していない株式を報酬等として発行することは可能であると解されている（竹林俊憲編著『一問一答・令和元年改正会社法』92 頁（商事法務、2020））。

　また、改正会社法施行後においても、上場会社であるか否かに関わらず、現在行われているような現物出資構成による株式の交付は可能である。

⑶　払込みを要せずに株式を報酬として発行する場合における会社法上の手続

　①　株主総会決議による報酬等の決定（改正法 361 ①三、改正会施規 98 の2）

　　改正会社法 361 条 1 項 3 号及び改正会社法施行規則 98 条の 2 に定める事項を決議する（上記⑴参照）。

　②　募集事項の決定及び株主への通知等（会 199 ①、201 ①③④⑤、202 の2①）

　　取締役会において、通常の募集事項の決定から会社法 199 条 1 項 2 号及び 4 号を除いた事項を決定し（改正法 202 の 2 ①）、併せて、下記の事項を決議する。

　　㋐　取締役の報酬等として当該募集に係る株式の発行又は自己株式の処分をするものであり、募集株式と引換えにする金銭の払込み又は財産の給付を要しない旨（改正法 202 の 2 ①一）

　　㋑　割当日（改正法 202 の 2 ①二）

　③　引受人候補者である取締役への募集事項の通知（会 203 ①④⑥⑦）

　④　引受けの申込み（会 203 ②③）

　　取締役の報酬等として株式を無償発行する場合は、対象の取締役（取締役であった者を含む。）以外の者は、株式の引受けの申込みをすることができない（改正法 205 ③）。

　⑤　割当決定（会 204）

　⑥　割当日の到来

　　通常の募集株式の発行では、払込期日（払込期間を定めた場合は出資の
履行日）に効力が発生するが、取締役の報酬等として株式を無償発行する
場合は、割当日に効力が発生する（改正法 209 ④）。

⑦　登記（発行済株式総数の変更及び資本金の変更）

※上記③から⑤は、総数引受契約（会 205 ①②③）によって代替することができる。
　総数引受契約は、条文の形式上利益相反取引（会 356 ①二）に該当するが、募集事
　項等を決定した取締役会決議とは別に利益相反取引の承認決議が必要であるか、疑義
　がある。

※取締役等の報酬として新たに募集株式を発行し、割当日後の取締役等の役務をその対
　価とし、払込みを要しないとする場合（事前交付型）は、募集株式の発行の効力発生
　日において発行済株式総数のみが増加し、役務の提供の対象となる各事業年度の末日
　において資本金が増加する（改正計算規 42 の 2 ①）ので、それぞれ登記が必要とな
　る（令和 3 年 1 月 29 日付法務省民商第 14 号民事局長通達）。

⑷　株式の取得に要するための資金としての金銭を取締役の報酬等とする場合

　　改正前会社法では、取締役の報酬等として、株式の取得に要するための資
金の金銭を支給する場合であっても、会社法上は特別な規定が置かれておら
ず、通常の取締役の報酬支給手続きと、募集株式の発行等の手続きを行って
いた。

　　改正法では、この場合、定款又は株主総会決議で下記の事項を定めなけれ
ばならないこととされた（改正法 361 ⑤イ、改正会施規 98 の 4 ①）

---

①　取締役が引き受ける当該募集株式の数（種類株式発行会社にあっては、
　募集株式の種類及び種類ごとの数）の上限（改正法 361 ①五イ）

②　一定の事由が生ずるまで当該募集株式を他人に譲り渡さないことを
　取締役に約させることとするときは、その旨及び当該一定の事由の概
　要（改正会施規 98 の 4 ①一）

③　一定の事由が生じたことを条件として当該募集株式を当該株式会社
　に無償で譲り渡すことを取締役に約させることとするときは、その旨
　及び当該一定の事由の概要（改正会施規 98 の 4 ①二）

④　取締役に対して当該募集株式と引換えにする払込みに充てるための
　金銭を交付する条件又は取締役に対して当該募集株式を割り当てる条
　件を定めるときは、その条件の概要（改正会施規 98 の 4 ①三）

　　なお、募集株式の発行等の手続きにおいては、通常の手続きと異なるとこ

ろはない。

(5) 新株予約権を報酬等とする場合における決定すべき事項

　改正会社法は、株式と同様に、新株予約権を取締役の報酬等とする場合について、定款又は株主総会決議で定めなければならない事項を下記のとおりとして明確化した（改正法361①四、改正会規98の3）。

　報酬等のうち当該株式会社の募集新株予約権については、当該募集新株予約権の数の上限（改正法361①四）及び下記事項

①　当該新株予約権の目的である株式の数（種類株式発行会社にあっては、株式の種類及び種類ごとの数）又はその数の算定方法（改正会規98の3一、会236①一）

②　当該新株予約権の行使に際して出資される財産の価額又はその算定方法（改正会規98の3一、会236①二）

③　金銭以外の財産を当該新株予約権の行使に際してする出資の目的とするときは、その旨並びに当該財産の内容及び価額（改正会規98の3一、会236①三）

④　当該新株予約権を行使することができる期間（改正会規98の3一、会236①四）

⑤　一定の資格を有する者が当該募集新株予約権を行使することができることとするときは、その旨及び当該一定の資格の内容の概要（改正会規98の3二）

⑥　当該募集新株予約権の行使の条件を定めるときは、その条件の概要（改正会規98の3三）

⑦　譲渡による当該新株予約権の取得について当該株式会社の承認を要することとするときは、その旨（改正会規98の3四、会236①六）

⑧　当該新株予約権について、当該株式会社が一定の事由が生じたことを条件としてこれを取得することができることとするときは、会社法236条1項7号に規定する事項の内容の概要（改正会規98の3五、会236①七）

⑨　取締役に対して当該募集新株予約権を割り当てる条件を定めるときは、その条件の概要（改正会規98の3六）

これは、新株予約権を取締役の報酬等とする場合は、その新株予約権の内容のうち主要なものについて、予め株主総会決議によって決定しておかなければならないこととしたものである。

(6) 新株予約権を取締役の報酬等とする場合におけるその行使における払込みの要否

現行法上、募集新株予約権の発行をするときは、募集新株予約権と引換えに金銭の払込みを要しないとすることができる（会238①二）が、新株予約権の行使にあたっては、金銭の払込み等をしなければならないものとされている（会236①二、三）。

このことから、実務では、新株予約権を取締役の報酬としよう（ママ）する場合において、行使価額を1円とするなどの方法（いわゆる1円ストック・オプション）が行われてきたが、株式を取締役の報酬とする場合と同様の理由で、払込み等を要しない新株予約権が望まれていた。

そこで、改正法では、上場会社に限定して、取締役の報酬等として新株予約権を発行する場合（報酬としての金銭をもって新株予約権と引換えにする金銭の払込みに充てる場合を含む。）、当該新株予約権の行使に際して金銭の払込み又は現物出資財産の給付を要しないものとすることができることとされた（改正法236の3①）。

(7) 新株予約権を報酬とする場合における募集新株予約権の発行手続き（ただし、金融商品取引法、証券取引所の規則等による届出又は開示手続は除く。）

新株予約権を報酬とする場合の会社法における標準的な手続きを記載する。

なお、金融商品取引法等に基づく適時開示等については、太田洋＝山本憲光＝柴田寛子編集代表『新株予約権ハンドブック〔第4版〕』（商事法務、2018）131頁以下を参照されたい。

① 株主総会決議による報酬等の決定（改正法361①四、五ロ、改正会施規98の3）

改正会社法361条1項4号及び改正会社法施行規則98条の3に定める事項を決議する（上記(5)参照）。

② 募集事項の決定及び株主への通知等（会238①、240）

行使に際して払込み等を要しない新株予約権とするときは、通常の募集事項の決定に加えて、下記の事項を決定する（改正法236③）。

㋐　取締役の報酬等として又は取締役の報酬等をもってする払込みと引換えに当該新株予約権を発行するものであり、当該新株予約権の行使に際してする金銭の払込み又は財産の給付を要しない旨

㋑　報酬として当該新株予約権の付与又は当該新株予約権のための金銭を受けた取締役（取締役であった者を含む。）以外の者は、当該新株予約権を行使することができない旨

③　引受人候補者である取締役への募集事項の通知（会 242 ①④⑤⑦⑧）

④　引受の申込み（会 242 ②③）

⑤　割当決定（会 243 ①②③）

⑥　登記

※上記③から⑤は、総数引受契約（会 244）によって代替することができる。

(8)　新株予約権と引換えにする払込みに充てるための金銭を報酬等とする場合

新株予約権の発行に際しての払込みに充てるための金銭を報酬とすることもでき、この場合は、株主総会において下記の事項を決議する（改正法 361 ①五ロ）。

取締役が引き受ける当該募集新株予約権の数の上限及び下記事項（改正法 361 ①五ロ）

①　当該新株予約権の目的である株式の数（種類株式発行会社にあっては、株式の種類及び種類ごとの数）又はその数の算定方法（改正会規 98 の 4 ②一、会 236 ①一）

②　当該新株予約権の行使に際して出資される財産の価額又はその算定方法（改正会規 98 の 4 ②一、会 236 ①二）

③　金銭以外の財産を当該新株予約権の行使に際してする出資の目的とするときは、その旨並びに当該財産の内容及び価額（改正会規 98 の 4 ②一、会 236 ①三）

④　当該新株予約権を行使することができる期間（改正会規 98 の 4 ②一、会 236 ①四）

⑤　一定の資格を有する者が当該募集新株予約権を行使することができることとするときは、その旨及び当該一定の資格の内容の概要（改正会規 98 の 4 ②二）

⑥　当該募集新株予約権の行使の条件を定めるときは、その条件の概要

（改正会規 98 の 4 ②三）

⑦　譲渡による当該新株予約権の取得について当該株式会社の承認を要することとするときは、その旨（改正会規 98 の 4 ②四、会 236 ①六）

⑧　当該新株予約権について、当該株式会社が一定の事由が生じたことを条件としてこれを取得することができることとするときは、会社法 236 条 1 項 7 号に規定する事項の内容の概要（改正会規 98 の 4 ②五、会 236 ①七）

⑨　取締役に対して当該募集新株予約権と引換えにする払込みに充てるための金銭を交付する条件又は取締役に対して当該募集新株予約権を割り当てる条件を定めるときは、その条件の概要（改正会規 98 の 4 ②六）

　新株予約権の発行の手続きは、通常のものに加えて、上場会社においては、新株予約権の行使に際して払込み又は現物財産の給付を要しない旨の定めをすることもできる（改正法 236 ③）。

　なお、新株予約権の発行に際しての払込みに充てるための金銭を取締役の報酬等とする旨の定めは置かれたが、新株予約権の行使に際しての払込みに充てるための金銭を報酬等とすることについての特別な規定は置かれていない。

【新株予約権の発行と行使に際する払込み等】

新株予約権の発行	新株予約権の行使	適用区分
無償（会 238 ①二）	払込み等なし（改正法 236 ③一）	上場会社のみ（改正法 236 ③一）
	払込み等あり	全ての株式会社
有償（下記を除く）（会 238 ①三）	払込み等あり	全ての株式会社
報酬である金銭の払込み（改正法 361 ①五ロ）	払込み等なし（改正法 236 ③一）	上場会社のみ（改正法 236 ③一）
	払込み等あり	全ての株式会社

⑼ 株式又は新株予約権の発行時における有利発行の該当性

　取締役の報酬等として株式を発行するときに、金銭の払込み等を要しないとする場合であっても、有利発行（会199③、201①）に該当しないと解されている。その理由として、発行される株式は取締役の職務執行の対価として交付されるものであるから、特に有利な条件に該当しないことや、株主総会決議による報酬決定（会361①三）の中で、発行する株式数の上限等を決定し、希釈化される株主の意思を確認していることが挙げられている（竹林俊憲編著『一問一答・令和元年改正会社法』94頁（商事法務、2020））。

　なお、取締役の報酬等として新株予約権を発行する場合における有利発行の該当性については、有利発行規制の適用の可能性自体はあり得るものの、上記株式の発行等における考え方に照らすと、実際上は、有利発行となる余地はほとんどなくなるとする見解が有力である（日本弁護士連合会編『実務解説改正会社法』71頁（弘文堂、2020）、竹林俊憲編著『一問一答・令和元年改正会社法』95頁（商事法務、2020））。

⑽ 報酬等として株式を発行したときの資本金又は準備金として計上すべき額

　取締役等の報酬として株式を交付する場合であって、払込みを要しないとした場合の資本金及び資本準備金の計上は、下記のとおりである。

① 株式報酬において、募集株式を発行する場合（事前交付型）

　取締役等の報酬として新たに募集株式を発行し、割当日後の取締役等の役務をその対価とする場合（事前交付型）は、割当日（＝募集株式の発行の効力発生日）においては資本金及び資本剰余金の額は変動せず、その後の各事業年度の末日において、下記のとおり計上する。

【資本金等増加限度額】（改正計算規42の2①②③）

下記㋐から㋑を引いた額

㋐　割当日以降各事業年度の末日までに対象の取締役等が提供した役務であって募集株式を対価とする部分の公正な評価額

㋑　会社法199条1項5号に定める事項として募集株式の交付に係る費用の額のうち、株式会社が資本金等増加限度額から減ずるべき額と定めた額

　上記⑦は、当分の間、零とされている（計算規則14①三、同附則11一）ため、実質的には⑦のみである。

　なお、自己株式の処分を併せて行う場合は、募集株式の発行部分の割合を乗じて計算する。

　株主資本等増加限度額の2分の1を超えない額は、資本金として計上しないことができ（改正計算規42の2②）、この場合、資本金として計上しなかった額は、資本準備金としなければならない（同③）。

②　株式報酬において、募集株式を発行する場合（事後交付型）

　取締役等の報酬として新たに募集株式を発行し、割当日前の取締役等の役務をその対価とする場合（事後交付型）は、割当日（＝募集株式の発行の効力発生日）において、下記のとおり計上する。

【資本金等増加限度額】（改正計算規42の3①②③、54の2）

> 下記⑦から⑦を引いた額
> ⑦　割当日までに対象の取締役等が提供した役務であって募集株式を対価とする部分の公正な評価額として株式引受権の額に計上された額
> ⑦　会社法199条1項5号に定める事項として募集株式の交付に係る費用の額のうち、株式会社が資本金等増加限度額から減ずるべき額と定めた額

　上記⑦について、割当日までの取締役等の役務の評価額を「株式引受権」として一旦計上し、その額がそのまま⑦の額となる（改正計算規54の2）。

　上記⑦については、上記①と同じ。

　なお、自己株式の処分を併せて行う場合、資本金として計上しない部分については、上記①と同じ。

　募集株式と引換えにする払込みに充てるための金銭を取締役の報酬等とする場合は、通常の募集株式の発行と同じである。つまり、当該払込金額から募集株式の交付に係る費用の額を引いた額が資本金等増加限度額となる。

7 | 事業報告による 情報開示

(1) 概　要

　現行法上、公開会社の事業報告においては、役員の報酬等について、会社法施行規則 121 条 4 項、124 条 5 項、6 項、7 項等に定める事項を記載（又は記録）しなければならないとされているが、開示が不十分であると指摘されていた（竹林俊憲編著『一問一答・令和元年改正会社法』98 頁（商事法務、2020））。

　そこで、改正会社法施行規則では、下記のように、公開会社の事業報告に記載又は記録するべき事項を追加している。

(2) 報酬等についての定款又は株主総会決議による定め

　会社において、会社役員の報酬等についての定款の定め又は株主総会の決議による定めに関して、下記の事項を事業報告に記載又は記録しなければならないとされた（改正会施規 121 五の四）。

　① 　当該定款の定めを設けた日又は当該株主総会の決議の日（改正会施規 121 五の四イ）

　② 　当該定めの内容の概要（改正会施規 121 五の四ロ）

　③ 　当該定めに係る会社役員の員数（改正会施規 121 五の四ハ）

(3) 個人別報酬等の決定に関する方針

　会社が、取締役の個人別の報酬等の内容についての決定に関する方針（改正法 361 ⑦、改正会施規 98 の 5 ）を定めている場合は、下記の事項を事業報告に記載又は記録しなければならないとされた。

　① 　当該方針の決定の方法（改正会施規 121 六イ）

　② 　当該方針の内容の概要（改正会施規 121 六ロ）

　③ 　当該事業年度に係る取締役（監査等委員である取締役を除き、指名委員会等設置会社にあっては、執行役等）の個人別の報酬等の内容が当該方針に沿うものであると取締役会（指名委員会等設置会社にあっては、報酬委員会）が判断した理由（改正会施規 121 六ハ）

　④ 　上記に定めるものの他に、各会社役員の報酬等の額又はその算定方法に係る決定に関する方針を定めているときは、当該方針の決定の方法及

びその方針の内容の概要、ただし、上場会社等、監査等委員会設置会社、指名委員会等設置会社のいずれでもない会社は、記載不要（改正会施規 121 但書）

⑷　委任を受けた取締役その他の第三者による個人別報酬額の決定

取締役会設置会社（指名委員会等設置会社を除く。）である場合において、取締役（監査等委員である取締役を除く。）の個人別報酬額を、委任を受けた取締役その他の第三者が決定したときは、下記の事項を事業報告に記載又は記録しなければならないとされた（改正会施規 121 六の三）。

① 当該委任を受けた者の氏名並びに当該内容を決定した日における当該株式会社における地位及び担当（改正会施規 121 六の三イ）
② 受任者に委任された権限の内容（改正会施規 121 六の三ロ）
③ 受任者に権限を委任した理由（改正会施規 121 六の三ハ）
④ 受任者に権限が適切に行使されるようにするための措置を講じた場合にあっては、その内容（改正会施規 121 六の三ニ）

⑸　業績連動報酬等

会社が、業績連動報酬等を定めている場合は、下記の事項を事業報告に記載又は記録しなければならないとされた。

① 業績連動報酬等の総額及びこれ以外の報酬等の総額（改正会施規 121 四イ）
② 取締役、会計参与、監査役又は執行役ごと（ただし、監査当委員会設置会社は、監査等委員である取締役と監査等委員でない取締役ごと）の報酬等の総額を事業報告に記載することとする場合は、取締役、会計参与、監査役又は執行役ごとの業績連動報酬等の総額及びそれ以外の報酬等の総額並びに人数（改正会施規 121 四ロ）
③ 会社役員の全部につき当該会社役員ごとの報酬等の額を事業報告に記載することとする場合は、当該会社役員ごとの業績連動報酬等の額及びそれ以外の報酬等の額（改正会施規 121 四ロ）
④ 業績連動報酬等の額又は数の算定の基礎として選定した業績指標の内容及び当該業績指標を選定した理由（改正会施規 121 五の二イ）並びに業績指標の数値（改正会施規 121 五の二ハ）
⑤ 業績連動報酬等の額又は数の算定方法（改正会施規 121 五の二ロ）

(6) 非金銭報酬等

会社が、非金銭報酬等を定めている場合は、下記の事項を事業報告に記載又は記録しなければならないとされた。

① 非金銭報酬等の内容（改正会施規121五の三）

② 非金銭報酬等について、上記(4)の①及び②に関する事項（改正会施規121四イロ）

(7) 報酬等としての株式の交付

会社が、事業年度の末日において在任している会社役員に対して、事業年度中に、報酬等として株式を交付した場合は、下記の区分に従って、それぞれの交付した株式の数（種類株式発行会社にあっては、株式の種類及び種類ごとの数）及び株式を有する者の人数を事業報告に記載又は記録しなければならないとされた（改正会施規122①二）。

① 取締役（監査等委員である取締役及び社外役員を除き、執行役を含む。）

② 社外取締役（監査等委員である取締役を除き、社外役員に限る。）

③ 監査等委員である取締役

④ 取締役（執行役を含む。）以外の会社役員

なお、報酬等としての株式の交付とは、募集株式と引換えにする払込みに充てるための金銭を交付した場合において、当該金銭の払込みと引換えに交付した株式を含むものとされた（改正会施規122①二）。

(8) 新株予約権による報酬等

事業年度の末日に在任している会社役員が、事業年度の末日において、報酬等により交付された新株予約権等を有している場合は、上記(7)①から④の区分に従って、それぞれの新株予約権等の内容の概要及び新株予約権等を有する者の人数を事業報告に記載又は記録しなければならないとされた（改正会施規123①一）。

なお、報酬等により交付された新株予約権等とは、会社役員に対して職務執行の対価として募集新株予約権と引換えにする払込みに充てるための金銭を交付した場合において、当該金銭の払込みと引換えに新株予約権を交付したときにおける当該新株予約権を含むものとされた（改正会施規123①一）。

8 ｜ 報酬等として株式を発行した場合の登記

　取締役又は執行役の報酬等として株式を発行した場合は、①資本金の額の変更及び②発行済株式総数の変更（種類株式発行会社においては、これに加えて発行済株式の種類及び種類ごとの数の変更）の登記をしなければならない（会911③五、九）。

　事前交付型によって株式を発行した場合は、上記①と②は別々に登記されることとなり、②については、割当日から2週間以内に、①については、募集株式の発行の効力が生じた後における、資本金が増加した事業年度の末日の翌日から2週間以内にそれぞれ登記をしなければならない（会915①、改正会計規42の2）。

　事後交付型の場合は、割当日から2週間以内に①及び②の登記をしなければならない（会915①）。

　募集株式と引換えにする払込みに充てるための金銭を取締役の報酬等とした場合は、募集株式の発行に際して払込みを要することになるので、その払込期日又は払込期間の末日から2週間以内に①及び②の登記をしなければならない（会915②）。この場合の登記は、通常の募集株式の発行等の手続きと異ならないものと考えられるため、本稿では割愛する。

　なお、報酬等として自己株式の処分のみを行い株式を発行しなかったときは、登記事項に変更は生じないため、登記を要しない。

(1)　登記すべき事項

　登記すべき事項は、変更後の資本金の額、変更後の発行済株式総数（種類株式発行会社にあっては発行済株式の種類及び数を含む）及び変更年月日である。

(2)　添付書面（令和3年1月29日付法務省民商第14号民事局長通達）

　①　株主総会議事録等（商登法46）

　　取締役又は執行役の報酬等を定めた定款、株主総会（改正法361⑦）の議事録又は報酬委員会の決定を証する書面を添付する。株主総会議事録を添付する場合は、株主リスト（商登規61③）を併せて添付する。

　②　取締役会議事録等（商登法46②）

募集事項の決定をした取締役会の議事録及び株式の割当を決定した取締役会の議事録を添付する。また、募集株式が譲渡制限株式であるときは、割当ての決定又は総数の引受けを行う契約の承認に係る取締役会の議事録を添付する。

③　募集株式の引受の申込みを証する書面（商登 56 一）

④　総数引受契約を証する書面（商登 56 一）

総数引受契約を締結した場合に添付する。この場合は、割当を決定した取締役会議事録及び引受の申込みを証する書面の添付は不要となる。

⑤　資本金が増加する場合は、資本金の額が会社法及び計算規則の規定に従って計上されたことを証する書面（商登規 61 ⑨）

⑥　代理人の代理権限を証する書面（商登法 18）

【資本金の額の計上に関する証明書（事前交付型）】

※村上裕貴「『会社法の一部を改正する法律等の施行に伴う商業・法人登記事務の取扱いについて（通達）』の解説〔上〕」（商事法務 2268 号）11 頁より抜粋

資本金の額の計上に関する証明書

①　取締役等が株主資本変動日までにその職務の執行として株式会社に提供した募集株式を対価とする役務の公正な評価額（会社計算規則第 42 条の 2 第 1 項第 1 号イ）

金○○円

②　取締役等が上記①の株主資本変動日の直前の株主資本変動日までにその職務の執行として株式会社に提供した募集株式を対価とする役務の公正な評価額（会社計算規則第 42 条の 2 第 1 項第 2 号）

金○○円

③　募集株式の交付に係る費用のうち、株式会社が資本金等増加限度額から減ずるべき額と定めた額（会社計算規則第 42 条の 2 第 1 項第 2 号）

金○○円

④　①−②−③

金○○円

⑤　株式発行割合

$$\frac{発行する株式の数○株}{発行する株式の数○株 + 処分する自己株式の数○株} = ○○\%$$

⑥　資本金の額（資本金等増加限度額）（④×⑤）

　　金○○円

　募集株式の発行により増加する資本金の額○○円は、会社法第445条及び会社計算規則第42条の2の規定に従って計上されたことに相違ないことを証明する。(注)

　令和○年○月○日

○県○市○町○丁目○番○号

○○株式会社

代表取締役○○○○

(注)　資本金等増加限度額の2分の1を超えない額を資本金として計上しないこととした場合は、その旨を上記証明書に記載するとともに、その額を決定したことを証する取締役会議事録等の添付を要する。

【資本金の額の計上に関する証明書（事後交付型）】

資本金の額の計上に関する証明書

①　割当日における取締役等がその職務の執行として株式会社に提供した役務の公正な評価額の帳簿価額（減少すべき株式引受権の額）（会社計算規則第42条の3第1項第1号）

　　　金○○円

②　募集株式の交付に係る費用のうち、株式会社が資本金等増加限度額から減ずるべき額と定めた額（会社計算規則第42条の2第1項第2号）

　　　金○○円

③　①−②

　　　金○○円

④　株式発行割合

$$\frac{発行する株式の数○株}{発行する株式の数○株 + 処分する自己株式の数○株} = ○○\%$$

募集株式の発行により増加する資本金の額○○円は、会社法第 445 条及び会社計算規則第 42 条の 3 の規定に従って計上されたことに相違ないことを証明する。㊟

令和○年○月○日

○県○市○町○丁目○番○号

○○株式会社

代表取締役○○○○

㊟　資本金等増加限度額の 2 分の 1 を超えない額を資本金として計上しないこととした場合は、その旨を上記証明書に記載するとともに、その額を決定したことを証する取締役会議事録等の添付を要する。

(3)　登録免許税額（令和 3 年 1 月 29 日付法務省民商第 14 号民事局長通達）

資本金の額が増加するときは、増加した資本金の額の 1000 分の 7（ただし、最低額は 3 万円、登録免許税法別表第一第 24 号㈠ニ）。資本金の額が増加しないとき（事前交付型で発行済株式総数の変更のみを登記するとき）は、3 万円である（登録免許税法別表第一第 24 号㈠ツ）。

【記載例】登記申請書（事前交付型で株式発行時の登記）

株式会社変更登記申請書

1．会社法人等番号　　　○○○○-○○-○○○○○○

　　フリガナ　　　　　　ニッシレンショウジ

1．商　　号　　　　　　日司連商事株式会社

1．本　　店　　　　　　東京都新宿区四谷本塩町 4 番 37 号

1．登記の事由　　　　　募集株式の発行

1．登記すべき事項　　　別紙のとおり

1．登録免許税　　　　　金 30,000 円

1．添付書類

　　　　　　　　　　　　株主総会議事録　　　　　　　　　 1 通

　　　　　　　　　　　　取締役会議事録　　　　　　　　　 1 通

　　　　　　　　　　　　引受の申込みを証する書面　　　　○通

　　　　　　　　　　　（又は総数引受契約書）

　　　　　　　　　　　　株主の氏名又は名称、住所及び議決権数

　　　　　　　　　　等を証する書面（株主リスト）　　　1通

　　　　　　　　　　委任状　　　　　　　　　　　　　1通

上記のとおり登記の申請をする。

令和○○年○○月○○日

　　　東京都新宿区四谷本塩町4番37号

　　　申請人　　　日司連商事株式会社

　　　東京都新宿区四谷本塩町4番37号

　　　代表取締役　　　日司連　一郎

　　　東京都新宿区四谷本塩町4番37号

　　　上記代理人　　　司法書士　司法　太郎　　㊞

　　　（電話番号　○○○－○○○－○○○○）

東京法務局　新宿出張所　御中

【記載例】登記すべき事項（「電子提供措置に関する事項」）

「発行済株式の総数」○○○万○○○○株 「原因年月日」令和○年○月○日変更

【記載例】登記申請書（事前交付型の場合であって、事業年度の末日にする登記、なお、本申請書例は作成時での想定であり、新たな通達等の発出により変更される可能性があるので留意されたい。）

	株式会社変更登記申請書
1．会社法人等番号	○○○○ - ○○ - ○○○○○○
フリガナ	ニッシレンショウジ
1．商　号	日司連商事株式会社
1．本　店	東京都新宿区四谷本塩町4番37号
1．登記の事由	募集株式発行による資本金の額の変更
1．登記すべき事項	別紙のとおり
1．課税標準金額	金 10,000,000 円
1．登録免許税	金 70,000 円

1．添付書類

　　　　　　　　資本金の額の計上に関する証明書　　1通
　　　　　　　　委任状　　　　　　　　　　　　　　1通

上記のとおり登記の申請をする。

令和○○年○○月○○日

　　　東京都新宿区四谷本塩町4番37号
　　　申請人　　　日司連商事株式会社
　　　東京都新宿区四谷本塩町4番37号
　　　代表取締役　　　日司連　一郎
　　　東京都新宿区四谷本塩町4番37号
　　　上記代理人　　　司法書士　司法　太郎　　㊞
　　　（電話番号　○○○－○○○－○○○○）

東京法務局　新宿出張所　御中

【記載例】登記すべき事項

「資本金の額」金○億○○○○万円
「原因年月日」令和○年○月○日変更

※増加する資本金の額 1000 万円の場合である。
※変更年月日は、事業年度の末日となる（改正会計規 42 の2）。
※資本金等増加限度額の一部を資本金として計上しない場合は、その旨を決定した取締役会議事録等の添付が必要になるものと考えられる。

【記載例】登記申請書（事後交付型）

　　　　　　　　　　株式会社変更登記申請書
1．会社法人等番号　　　○○○○-○○-○○○○○○
　　フリガナ　　　　　　ニッシレンショウジ
1．商　　号　　　　　　日司連商事株式会社
1．本　　店　　　　　　東京都新宿区四谷本塩町4番37号
1．登記の事由　　　　　募集株式の発行
1．登記すべき事項　　　別紙のとおり

1．課税標準金額　　　金 10,000,000 円

1．登録免許税　　　　金 70,000 円

1．添付書類

株主総会議事録	1 通
取締役会議事録	1 通
引受の申込みを証する書面	○通
（又は総数引受契約書）	
株主の氏名又は名称、住所及び議決権数	
等を証する書面（株主リスト）	1 通
資本金の額の計上に関する証明書	1 通
委任状	1 通

上記のとおり登記の申請をする。

令和○○年○○月○○日

　　東京都新宿区四谷本塩町 4 番 37 号

　　申請人　　　日司連商事株式会社

　　東京都新宿区四谷本塩町 4 番 37 号

　　代表取締役　　　日司連　一郎

　　東京都新宿区四谷本塩町 4 番 37 号

　　上記代理人　　司法書士　司法　太郎　㊞

　　（電話番号　○○○－○○○－○○○○）

東京法務局　新宿出張所　御中

【記載例】登記すべき事項

「資本金の額」金○億○○○○万円
「原因年月日」令和○年○月○日変更
「発行済株式の総数」○○○万○○○○株
「原因年月日」令和○年○月○日変更

※増加する資本金の額 1000 万円の場合である。

9 | 報酬として新株予約権を発行した場合の 登記

　取締役又は執行役の報酬等として株式予約権を発行した場合は、新株予約権の発行の登記をしなければならない（会 911 ③十二）。

　当該登記の期限は、発行の日から 2 週間以内である（会 915 ①）。

　なお、報酬等として自己新株予約権の処分のみを行い新株予約権を新規に発行しなかったときは、登記事項に変更は生じないため、登記を要しない。

(1)　登記すべき事項

　登記すべき事項は、下記のとおりである（改正法 911 ③十二）。

① 　新株予約権の数

② 　新株予約権の目的である株式の数（種類株式発行会社にあっては、株式の種類及び種類ごとの数）又はその数の算定方法

③ 　行使に際して出資される財産の価額又はその算定方法

④ 　金銭以外の財産を当該新株予約権の行使に際してする出資の目的とするときは、その旨並びに当該財産の内容及び価額

⑤ 　行使期間

⑥ 　取締役の報酬等として又は取締役の報酬等をもってする払込みと引換えに当該新株予約権を発行するものであり、当該新株予約権の行使に際してする金銭の払込み又は財産の給付を要しない旨

⑦ 　定款又は株主総会の決議による報酬等としての新株予約権又は新株予約権と引換えにする払込みに充てるための金銭を付与された取締役（取締役であった者を含む。）以外の者は、当該新株予約権を行使することができない旨

⑧ 　上記の他に行使の条件を定めたときは、その条件

⑨ 　取得条項付新株予約権とするときは、その旨、取得事由、一部取得の方法並びに取得対価の内容及び数又は算定方法等

⑩ 　発行に際して金銭の払込みを要しないときは、その旨

⑪ 　発行に際して金銭の払込みを要するときは、払込金額又はその算定方法

⑫ 　変更年月日

⑵　**添付書面（令和3年1月29日付法務省民商第14号民事局長通達）**

①　株主総会議事録等（商登法46）

　　取締役又は執行役の報酬等を定めた定款、株主総会（改正法361⑦）の議事録又は報酬委員会の決定を証する書面を添付する。株主総会議事録を添付する場合は、株主リスト（商登規61③）を併せて添付する。

②　取締役会議事録等（商登法46②）

　　募集事項の決定をした取締役会の議事録を添付する。

　　募集新株予約権が譲渡制限付である場合又は募集新株予約権の目的である株式が譲渡制限付である場合は、割当を決定し（会243②）又は総数引受契約を承認した取締役会（会244③）の議事録を添付する。

③　募集新株予約権の引受の申込みを証する書面（商登65一）

④　払込みがあったことを証する書面（商登65二）

　　新株予約権の発行に際して金銭を払込む場合にのみ添付する。

⑤　総数引受契約を証する書面（商登65一）

　　総数引受契約を締結した場合に添付する。この場合は、引受の申込みを証する書面の添付は不要である。

⑥　代理人の代理権限を証する書面（商登法18）

⑶　**登録免許税額**

申請1件につき、9万円である（登録免許税法別表第一第24号㈠ヌ）。

【記載例】登記申請書（報酬等としての新株予約権の発行時、無償発行）

株式会社変更登記申請書		
1．会社法人等番号	○○○○ - ○○ - ○○○○○○	
フリガナ	ニッシレンショウジ	
1．商　　号	日司連商事株式会社	
1．本　店	東京都新宿区四谷本塩町4番37号	
1．登記の事由	新株予約権の発行	
1．登記すべき事項	別紙のとおり	
1．登録免許税	金90,000円	
1．添付書類		
	株主総会議事録	1通
	取締役会議事録	1通

　　　　　　引受の申込みを証する書面　　　　　○通
　　　　　　（又は総数引受契約書）
　　　　　　株主の氏名又は名称、住所及び議決権
　　　　　　数等を証する書面（株主リスト）　　　1通
　　　　　　委任状　　　　　　　　　　　　　　　1通

上記のとおり登記の申請をする。

令和○○年○○月○○日

　　　東京都新宿区四谷本塩町4番37号
　　　申請人　　　日司連商事株式会社
　　　東京都新宿区四谷本塩町4番37号
　　　代表取締役　　　日司連　一郎
　　　東京都新宿区四谷本塩町4番37号
　　　上記代理人　　　司法書士　司法　太郎　　　㊞
　　　（電話番号　　○○○－○○○－○○○○）

東京法務局　　新宿出張所　　御中

【記載例】登記すべき事項

「新株予約権の名称」第1回新株予約権
「新株予約権の数」100個
「新株予約権の目的たる株式の種類及び数又はその算定方法」
普通株式1000株
「募集新株予約権の払込み金額若しくはその算定方法又は払込を要しない
とする旨」
無償
「新株予約権の行使に際して出資される財産の価額又はその算定方法」
出資を要しない。
「新株予約権を行使することができる期間」
令和○○年○○月○○日まで
「新株予約権の行使の条件」

　令和○○年○○月○○日付け株主総会決議による会社法３６１条第１項第４号に掲げる事項についての定めに係る取締役（取締役であった者を含む。）以外の者は、この新株予約権を行使することができない。
「原因年月日」令和○年○月○日発行

10 | 報酬として新株予約権を行使した場合の登記

　新株予約権の行使があったときは、その旨の登記をしなければならない。

　当該登記の期間は、行使日から２週間以内である（会915①）。ただし、毎月末日までの変更分を一括して登記申請することもできる。この場合は、登記の期間は当該末日から２週間以内である（会915③一）。

　なお、行使に際して自己株式のみを交付し、株式を新規に発行しなかったときであっても、新株予約権の数並びに新株予約権の目的たる株式の種類及び数の変更登記をしなければならない。

(1) 登記すべき事項

　登記すべき事項は、下記のとおりである。

① 発行済株式総数（種類株式発行会社においては、これに加えて発行済株式の種類及び種類ごとの数）

② 資本金の額

③ 新株予約権の数

④ 新株予約権の目的である株式の数（種類株式発行会社においては、株式の種類及び種類ごとの数）

⑤ 変更年月日

第3節 株式交付制度の新設

1 株式交付の概要

　株式交付制度は、株式会社がその株式を対価として他の株式会社をその子会社とすることができるようにするため、会社法199条1項の募集によらずに当該他の株式会社の株式の譲渡人に対して当該株式会社の株式を交付することができることとする制度である。

　改正前会社法上、株式会社A（以下「A社」という。）がその株式を対価として株式会社B（以下「B社」という。）を買収しようとする場合には、株式交換（会767）やB社の株式を現物出資財産とする会社法199条1項の募集の方法を用いることになる。

　ただし、B社を完全子会社化することまでを企図していない場合には株式交換を用いることができない。また、会社法199条1項の募集をする場合には、原則として検査役の調査（会207）が必要となり、その手続には時間と費用がかかるし、B社の株主及びA社の取締役等が財産価額填補責任（会212①二・213）を負う可能性があることなども障害となっているとの指摘がされていた。しかし、株式交換の場合とそうでない場合とにおいて規律に大きな違いを設ける必要はないと考えられることから、株式交換でない場合においても、株式交換の場合と同様の規律の適用があるものとして、株式会社が株式を対価とする買収をより円滑に行うことができる制度として、株式交付に関する規律が新たに設けられた。

2 株式交付ができる場合

　株式交付制度は、株式交付親会社と株式交付子会社との間に親子会社関係

が創設されることに着目し、株式交換その他の組織法上の行為と同様に会社法199条1項の募集によらずに、株式交付子会社の株式の譲渡人に対して当該株式の対価として株式交付親会社の株式を交付し、親子会社関係を円滑に創設することを目的としている。したがって、株式会社が株式交付により他の株式会社を子会社（改正会社法施行規則4条の2で定めるものに限る。）としようとする場合に限り、株式交付をすることができることとされている。

　例えば、A社が他の株式会社B社の総株主の議決権の5％から10％までB社の株式を買い増す（子会社にならない）場合や、総株主の議決権の70％から75％まで株式会社Bの株式を買い増す（すでに子会社となっている会社の株式を買い増す）場合については、株式交付によることはできず、検査役の調査（会207）や財産価額填補責任（会212①二・213）等の現物出資に関する規律の適用を受けることとなる。

　なお、株式交付子会社の発行済株式の全部について譲渡しの申込等があり、株式交付親会社が、結果的に株式交付子会社の発行済株式の全部を取得することも可能である（竹林俊憲編著『一問一答・令和元年改正会社法』190頁（商事法務、2020））。

　また、清算株式会社については株式交付に関する規律が適用されない（改正法509①三）。

3 ｜ 株式交付子会社とすることができる会社

　株式交付子会社とすることができる会社は株式会社（特例有限会社を除く（整備法38）。）に限られ、持分会社や株式会社と同種の外国会社は株式交付子会社とすることができない。

　持分会社については、持分会社を子会社とするための「持分会社に対する支配力又は影響力（会2三・会施規3①・③)」は、業務執行の権限によって判断されることが適当であると考えられており、当該業務執行の権限は、原則として持分比率の多寡に限られず（会590）、定款で別段の定めを設けることも可能とされている（会591）。そのため、持分会社については、株式交付を実施することの可否が、株式交付をする前に客観的かつ形式的な基準によって判断できないことが理由とされる。

　また、外国会社については、当該外国会社の性質が、その類型ごとに千差

万別であり、客観的かつ形式的な基準により外国会社が株式会社と同種の会社であるか否かを判断することは容易ではないためである。

なお、前述のとおり、清算株式会社を株式交付子会社とすることはできない。

4 | 株式交付子会社の 新株予約権の譲受け

株式交付親会社は、株式交付に際して株式交付子会社の株式と併せて株式交付子会社の新株予約権又は新株予約権付社債（以下「新株予約権等」という。）を譲り受けることができる（改正法774の3①七）。新株予約権等のみの譲受けは認められていない。

株式交換は、完全親子会社関係を創設する手続であることから、株式交換後に完全子会社の新株予約権等が行使されると、完全子会社ではなくなるとの不都合が生じる。そのため、効力発生日に完全子会社の新株予約権等が消滅するものとし、完全親会社が完全子会社の新株予約権等を実質的に承継することが可能とされている（会768①四イ・ロ）。

株式交付においても、株式交付をした後に株式交付子会社の新株予約権が行使されると、株式交付により創設された親子会社関係が崩れる恐れがあるから、これを避けるため、株式交付親会社が株式交付子会社の新株予約権等も併せて取得することを望む場合もあると考えられる。また、株式交付については、別途金融商品取引法上の公開買付規制が適用され得ることを前提としており、公開買付規制上、株式のみでなく新株予約権等についても同一の公開買付で買い付けることが義務付けられる可能性があるから、このような場合には、株式交付という一つの手続により、株式交付子会社の株式のみでなく、株式交付子会社の新株予約権等も譲り受けることができることとすることが合理的であると考えられている（竹林俊憲ほか「令和元年改正会社法の解説〔Ⅶ〕」7頁（旬刊商事法務2228号））。

そこで、株式交付親会社は、株式交付に際して株式交付子会社の株式と併せて譲り受ける場合に限り、株式会社の新株予約権者から株式交付子会社の新株予約権等を譲り受けることができることとしている（改正法774の3①三・五）。

なお、前述のとおり、株式交換においては、株式交換完全親会社が株式交換完全子会社の新株予約権者に対して、新株予約権に代わる株式交換完全親

会社の新株予約権を交付したときは、株式交換の効力発生日に株式交換完全子会社の新株予約権は消滅する（会769④）。これに対し、株式交付に際して、株式交付親会社が株式交付子会社の新株予約権者から新株予約権を譲り受けた場合（改正法774の3①七）には、株式交付子会社の新株予約権は消滅せず、株式交付親会社は自らが株式交付子会社の新株予約権の新株予約権者となることとなる。

5 | 株式交付の対価

　株式交換完全親会社が株式会社である株式交換においては、株式交換完全子会社の株主に対して株式交換の対価を全く交付しないことや、株式交換完全親会社の株式を交付せず、それ以外の金銭等のみを対価とすることができる（会768①二）。

　これに対し、株式交付においては、株式交付親会社の株式を対価として株式交付子会社を子会社とするための制度であるから、株式交付に際して株式交付親会社の株式を全く交付しないことはできない（改正法774の3①三）。ただし、株式交付親会社は、株式交付計画において定めることにより、株式交付親会社の株式と併せてそれ以外の金銭等を対価とすることは可能とされる（改正法774の3①五・八ロ〜ホ）。

　なお、株式交付子会社は株式交付手続の当事者でないことから、計算書類の開示等において、必ずしも株式交付子会社の協力が得られるとは限らず、対価の算定が困難となる場合も想定される。

6 | 株式交付の手続

(1)　株式交付計画の作成

　株式交付をする場合には、株式交付親会社は、次の事項を記載した株式交付計画を作成しなければならない（改正法774の2）。これは絶対的記載事項であり、必ず定めなければならないとされている（改正法774の3①柱書き）。

① 株式交付子会社の商号及び住所（改正法774の3①一）
② 株式交付親会社が株式交付に際して譲り受ける株式交付子会社の株式の数（株式交付子会社が種類株式発行会社である場合にあっては、株式の種類及び種類ごとの数）の下限（改正法774の3①二）
③ 株式交付親会社が株式交付に際して株式交付子会社の株式の譲渡人に対して当該株式の対価として交付する株式交付親会社の株式の数（種類株式発行会社にあっては、株式の種類及び種類ごとの数）又はその数の算定方法並びに当該株式交付親会社の資本金及び準備金の額に関する事項（改正法774の3①三）※
④ 株式交付子会社の株式の譲渡人に対する③の株式交付親会社の株式の割当てに関する事項（改正法774の3①四）
⑤ 株式交付親会社が株式交付に際して株式交付子会社の株式の譲渡人に対して当該株式の対価として金銭等（株式交付親会社の株式を除く。以下イ～ニ及び⑥において同じ。）を交付するときは、当該金銭等についての次に掲げる事項（改正法774の3①五）
イ 当該金銭等が株式交付親会社の社債（新株予約権付社債についてのものを除く。）であるときは、当該社債の種類及び種類ごとの各社債の金額の合計額又はその算定方法
ロ 当該金銭等が株式交付親会社の新株予約権（新株予約権付社債に付されたものを除く。）であるときは、当該新株予約権の内容及び数又はその算定方法
ハ 当該金銭等が株式交付親会社の新株予約権付社債であるときは、当該新株予約権付社債についてのイに規定する事項及び当該新株予約権付社債に付された新株予約権についてのロに規定する事項
ニ 当該金銭等が株式交付親会社の社債及び新株予約権以外の財産であるときは、当該財産の内容及び数若しくは額又はこれらの算定方法
⑥ ⑤の場合には、株式交付子会社の株式の譲渡人に対する⑤の金銭等の割当てに関する事項（改正法774の3①六）
⑦ 株式交付親会社が株式交付に際して株式交付子会社の株式と併せて株式交付子会社の新株予約権（新株予約権付社債に付されたものを除く。）又は新株予約権付社債（以下「新株予約権等」と総称する。）を譲り受けるときは、当該新株予約権等の内容及び数又はその算定方法（改正法774の3①七）

⑧ ⑦に規定する場合において、株式交付親会社が株式交付に際して株式交付子会社の新株予約権等の譲渡人に対して当該新株予約権等の対価として金銭等を交付するときは、当該金銭等についての次に掲げる事項(改正法774の3①八)
イ 当該金銭等が株式交付親会社の株式であるときは、当該株式の数(種類株式発行会社にあっては、株式の種類及び種類ごとの数)又はその数の算定方法並びに当該株式交付親会社の資本金及び準備金の額に関する事項
ロ 当該金銭等が株式交付親会社の社債(新株予約権付社債についてのものを除く。)であるときは、当該社債の種類及び種類ごとの各社債の金額の合計額又はその算定方法
ハ 当該金銭等が株式交付親会社の新株予約権(新株予約権付社債に付されたものを除く。)であるときは、当該新株予約権の内容及び数又はその算定方法
ニ 当該金銭等が株式交付親会社の新株予約権付社債であるときは、当該新株予約権付社債についてのロに規定する事項及び当該新株予約権付社債に付された新株予約権についてのハに規定する事項
ホ 当該金銭等が株式交付親会社の株式等以外の財産であるときは、当該財産の内容及び数若しくは額又はこれらの算定方法
⑨ ⑧に規定する場合には、株式交付子会社の新株予約権等の譲渡人に対する⑧の金銭等の割当てに関する事項(改正法774の3①九)
⑩ 株式交付子会社の株式及び新株予約権等の譲渡しの申込みの期日(改正法774の3①十)
⑪ 株式交付がその効力を生ずる日(改正法774の3①十一)

※③の「株式交付親会社の株式」には、自己株式も含まれる(近藤光男ほか『改正株式会社法Ⅴ』1045頁(弘文堂2020))

ア 株式交付は、株式交付親会社が他の株式会社をその子会社とするために株式交付子会社の株式を譲り受け、当該株式の譲渡人に対して当該株式の対価として株式交付親会社の株式を交付するものである。そのため、株式交付親会社は株式交付計画において株式交付親会社が株式交付に際して譲り受ける株式交付子会社の株式の数の下限を定めなければならず、その下限の定め(前記②)は、株式交付子会社が効力発生日にお

いて株式交付親会社の子会社となる数を内容としなければならない（改正法774の3②）。

イ　株式交付子会社が種類株式発行会社であるときは、株式交付親会社は、株式交付子会社の発行する種類の株式の内容に応じ、前記④に掲げる事項として次の事項を定めることができる（改正法774の3③）。

　　i　ある種類の株式の譲渡人に対して株式交付親会社の株式の割当てをしないこととするときは、その旨及び当該株式の種類

　　ii　iに掲げる事項のほか、株式交付親会社の株式の割当てについて株式の種類ごとに異なる取扱いを行うこととするときは、その旨及び当該異なる取扱いの内容

ウ　前記④の定めは、株式交付子会社の株式の譲渡人（改正法774条の3第3項1号の種類の株式の譲渡人を除く。）が株式交付親会社に譲り渡す株式交付子会社の株式の数（改正法774条の3第3項2号に掲げる事項についての定めがある場合にあっては、各種類の株式の数）に応じて株式交付親会社の株式を交付することを内容とするものでなければならない（改正法774の3④）。

エ　改正会社法774条の3第3項及び4項の規定は、同条1項6号に掲げる事項について準用される（改正法774の3⑤）。

⑵　**株式交付子会社の株式の譲渡しの手続**

　株式交付子会社の株式の譲渡しの手続については、現物出資財産の給付を目的とする募集株式の発行等（会199以下）の手続における募集株式の申込み（会203）、募集株式の割当て（会204）、総数引受契約（会205）、募集株式の引受け（会206）と類似する規定が置かれている。

ア　**株式交付親会社による通知**

　株式交付親会社は、株式子会社の株式の譲渡しの申込みをしようとする者（以下「申込者」という。イ及びウにおいて同じ。）に対し、次の事項を通知しなければならない（改正法774の4①）。

①　株式交付親会社の商号

②　株式交付計画の内容

③　①②のほか、法務省令（改正会施規179の2）で定める事項

　ただし、株式交付親会社が、上記①〜③に掲げる事項を記載した金融商品

取引法2条10項に規定する目論見書を、申込者に対して交付している場合、その他法務省令（改正会施規179の3）で定める場合には、通知を要しないこととされている（改正法774の4④）。

　また、株式交付親会社は、上記①〜③の事項に変更があったとき（改正法816条の9第1項の規定により効力発生日を変更したとき及び同条5項の規定により改正会社法774条の3第1項10号の期日（株式交付子会社の株式等の譲渡しの申込みの期日）を変更したときを含む。）は、直ちに、その旨及び当該変更があった事項を申込者に通知しなければならない（改正法774の4⑤）。

イ　株式交付子会社の株式の譲渡しの申込み

　申込者は、株式交付計画において定められた申込みの期日までに、次の事項を記載した書面を株式交付親会社に交付しなければならない（改正法774の4②）。

① 　申込みをする者の氏名又は名称及び住所
② 　譲り渡そうとする株式交付子会社の株式の数（株式交付子会社が種類株式発行会社である場合にあっては、株式の種類及び種類ごとの数）

　なお、上記の書面の交付に代えて、政令で定めるところにより、株式交付親会社の承諾を得て、上記①②の事項を電磁的方法により提供することができる（改正法774の4③）。

　株式申込みの期日（改正法774の3①十）において、申込者が譲渡しの申込みをした株式交付子会社の株式の総数が改正会社法774条の3第1項2号の下限の数に満たない場合には、その時点で、株式交付の手続は終了し、この場合は、株式交付親会社は、申込者に対し、遅滞なく、株式交付をしない旨を通知しなければならない（改正法774の10）。

ウ　株式交付親会社が譲り受ける株式交付子会社の株式の割当て

　株式交付親会社は、申込者の中から株式交付子会社の株式を譲り受ける者を定め、かつ、その者に割り当てる当該株式交付親会社が譲り受ける株式交付子会社の株式の数（株式交付子会社が種類株式発行会社である場合は、株式の種類ごとの数。）を定めなければならない。

　この場合、株式交付親会社は、申込者に割り当てる株式の数（株式交付子会社が種類株式発行会社である場合は、株式の種類ごとの数。）の合計が株式交付計画において定めた下限の数を下回らない範囲内で、当該株式の数を当該

申込者が申し込みをした数よりも減少することができる（改正法774の5①）。

その上で、株式交付親会社は、効力発生日の前日までに申込者に対し当該申込者から当該株式交付親会社が譲り受ける株式子会社の株式の数を通知しなければならない（改正法774の5②）。

申込者は、株式交付親会社から通知を受けた株式交付子会社の株式の数について、株式交付における当該株式の譲渡人となる（改正法774の7①一）。

エ　総数譲渡し契約を締結する場合

株式交付子会社の株式を譲り渡そうとする者と株式交付親会社が、株式交付に際して譲り受ける株式交付子会社の株式の総数の譲渡しを行う契約を締結する場合には、当該契約の締結により、株式の譲渡しの申込み及び割当てが完結するため、前記ア〜ウ（改正法774の4・774の5）に関する手続は要しないこととなる（改正法774の6）。

総数譲渡し契約により、株式交付親会社が株式交付に際して譲り受ける株式交付子会社の株式の総数を譲り渡すことを約した者は、その者が譲り渡すことを約した当該株式の数について、株式交付における当該株式の譲渡人となる（改正法774の7①二）。

募集株式の発行における総数引受契約（会205）については、①特定人が会社との契約によって募集にかかる株式の総数を包括的に引き受ける方式であり、特定人は複数であっても良い、②総数引受契約は、契約書が1通である必要はないものの、実質的に「同一の機会に一体的な契約」で募集株式の総数の引受けが行われたものと評価しうるものであることを要する（相澤哲ほか『論点解説　新・会社法』208頁（商事法務、2006））とされており、総数譲渡し契約についても同様に解されるものと思われる。

オ　株式の割当ての決定又は総数譲渡し契約の承認機関

募集株式の発行においては、募集株式が譲渡制限株式である場合、株式の割当て（会204①）は株主総会（取締役会設置会社にあっては取締役会）の決議によらなければならない（会204②）。また、総数引受契約（会205）については、株主総会（取締役会設置会社にあっては取締役会）の決議によって当該契約の承認を得なければならない（会205②）とされている。

これに対し、株式交付においては、会社法204条2項・205条2項に相当する規定は置かれていない。

　もっとも、実務上は、重要な業務執行として、取締役会の決議（取締役会を設置していない会社においては、取締役の過半数の一致による決定）による会社が多いと思われる。

カ　株式交付子会社の株式の給付

　株式交付子会社の株式の譲渡人（以下、「譲渡人」という。）となった者は、効力発生日に、株式交付子会社の株式を株式交付親会社に給付しなければならない（改正法774の7②）。

　給付には、権利の移転を第三者に対抗するために必要となる行為も含まれる（竹林俊憲編著『一問一答・令和元年改正会社法』202頁（商事法務、2020））と解されているから、以下の行為が必要となる。

　① 　株式交付子会社の株式が譲渡制限株式であるときは、株式交付子会社の株主総会又は取締役会の決議による株式譲渡の承認（会136・139）
　② 　会社法467条1項2号の2に該当する場合には、株式交付子会社の親会社の株主総会の決議による承認
　③ 　株式交付子会社が株券発行会社である場合は、譲渡人から株式交付親会社への株券の引渡し（会128）
　④ 　株式交付子会社が株券発行会社でない場合には、譲渡人と株式交付親会社による株式交付子会社に対する株主名簿の名義書換請求（会133・134）

　上記①について、株式交換においては、株式交換完全子会社の株式が譲渡制限株式である場合、株式交換完全親会社が株式交換完全子会社の株式を取得したことにつき、株式交換完全子会社が会社法137条1項の承認をしたものとみなす旨の規定（会769②・771②）が設けられている。しかし、株式交付においては、これに相当する規定が存在しない。したがって、譲渡人は株式交付の効力発生日までに、株式交付親会社に譲り渡そうとする株式につき、株式交付子会社による株式譲渡しの承認を得る必要がある。

　上記③について、株式交換においては、株式交換完全子会社が株券発行会社である場合、原則として株券提供公告を行い、株式交換完全子会社の株式の株券を回収することとされている（会219①七）。これに対し、株式交付においては、株券提供公告手続を要せず、株式譲渡の原則どおり譲渡人が株式交付親会社に株券を引き渡すこととなる。

　上記④について、株券発行会社でない会社の株式譲渡の第三者対抗要件

は、株式取得者の氏名又は名称及び住所を株主名簿に記載し又は記録することとされている（会130）。また、株主名簿の名義書換を請求するには、法務省令（会施規22）で定める場合を除き、取得した株式の株主として株主名簿に記載又は記録された者と株式取得者が共同して請求することとされている（会133）。この点、株式交換においては、例外的に株式交換完全親会社が単独で株式交換完全子会社の株主名簿の名義書換を請求できる旨の規定がある（会133②、会施規22①七）が、株式交付においては、これに相当する規定がない。そのため、株式交付親会社と株式の譲渡人は、共同して株式交付子会社の株主名簿の名義書換を請求する必要がある。

キ　株式交付子会社の新株予約権等の譲渡し

株式交付親会社が、株式交付子会社の株式と併せて、株式交付子会社の新株予約権等を譲り受ける場合には、株式交付子会社の株式を譲り受ける場合と同様に、株式交付親会社による通知、株式交付子会社の新株予約権等の譲渡しの申込み及び株式交付親会社が譲り受ける株式交付子会社の新株予約権等の割当ての手続等がとられる（改正法774の9）。

ただし、株式交付子会社の新株予約権等については、株式交付親会社が株式交付に際して譲り受ける数の下限を定める必要がなく（改正法774の3①二・三）、株式交付親会社は、株式交付子会社の新株予約権等の割当てにおいて、下限の制限なく当該新株予約権等の数を申込者が申込みをした数よりも減少することができる（改正法774の9・774の5①）。

⑶　株式交付親会社の手続

株式交付親会社の手続については、株式交換において株式会社が株式交換完全親会社となる場合の手続と類似する規定が置かれている。

ア　事前開示手続

株式交付親会社は、株式交付計画備置開始日から株式交付がその効力を生ずる日後6か月を経過する日までの間、株式交付計画の内容その他法務省令（改正会施規213の9）で定める事項を記載し、又は記録した書面又は電磁的記録をその本店に備え置かなければならない（改正法816の2①）。

「株式交付計画備置開始日」とは、次に掲げる日のいずれか早い日となる（改正法816の2②）。

① 株式交付計画について株主総会（種類株主総会を含む。）の決議によってその承認を受けなければならないときは、当該株主総会の日の２週間前の日（会社法319条１項（株主総会の決議の省略）の場合は、同項の提案があった日）（改正法816の2②一）

② 改正会社法816条の6第３項の規定による通知の日又は同条４項の公告の日のいずれか早い日（改正法816の2②二）

③ 改正会社法816条の8の規定による手続（債権者保護手続）をしなければならないときは、同条２項の規定による公告の日又は同項の規定による催告の日のいずれか早い日（改正法816の2②三）

イ　株主総会の決議による株式交付計画の承認（原則）

株式交付親会社は、効力発生日の前日までに株主総会の特別決議（会309②十二）によって、株式交付計画の承認を受けなければならない（改正法816の3①）。

株式交付親会社が、株式交付子会社の株式及び新株予約権等の譲渡人に対して交付する金銭等（株式交付親会社の株式等を除く。）の帳簿価額が、株式交付親会社が譲り受ける株式交付子会社の株式及び新株予約権等の額として法務省令（改正会施規213の4）で定める額を超える場合には、取締役は、改正会社法816条の3第１項の株主総会において、その旨を説明しなければならない（改正法816の3②）。

株式交付親会社が種類株式発行会社である場合において、次の①又は②に該当するときは、株式交付は、①又は②の種類の株式（譲渡制限株式であって、199条４項の定款の定めがないものに限る。）の種類株主を構成員とする種類株主総会（当該種類株主に係る株式の種類が２以上ある場合にあっては、当該２以上の株式の種類別に区分された種類株主を構成員とする各種類株主総会）の決議がなければ、その効力を生じない。ただし、当該種類株主総会において議決権を行使することができる株主が存しない場合は、この限りでない（改正法816の3③）。

① 株式交付子会社の株式の譲渡人に対して交付する金銭等が株式交付親会社の株式であるとき

　→ 改正会社法774条の3第１項３号の種類の株式

② 株式交付子会社の新株予約権等の譲渡し人に対して交付する金銭等が株式交付親会社の株式であるとき

　　→　改正会社法774条の3第1項8号イの種類の株式

　以上は、株式交換における会社法795条1項・2項3号・4項3号に準じた規定となっている。

ウ　簡易手続による株式交付計画の承認（イの例外）

　株式交付において交付する対価の合計額の株式交付親会社の純資産額に対する割合が5分の1を超えない場合には、株式交付親会社の株主総会の特別決議によって株式交付計画の承認を受けることを要しない（改正法816の4①）。

　ただし、次の場合には、株主総会の特別決議によって株式交付計画の承認を受けなければならないこととしている（改正法816の4①ただし書・816の4②）。

①　株式交付親会社が株式交付子会社の株式及び新株予約権等の譲渡人に対して交付する金銭等の帳簿価格が、株式交付親会社が譲り受ける株式会社の株式及び新株予約権等の額を超える場合（株式交付親会社にいわゆる差損が生じる場合）（改正法816の4①ただし書）

②　株式交付親会社が公開会社でない場合（改正法816の4①ただし書）

③　株式交付親会社の株主の一定割合が株式交付に反対する旨を通知した場合（改正法816の4②）

　上記の株式交付計画について株主総会の承認を要しない場合、いわゆる簡易手続に関しても、株式交換における会社法796条2項に準じた規定が置かれている。

　ただし、株式交付は、親子会社関係を創設するための手続であり、株式交付の手続開始時に株式交付親会社と株式交付子会社が親子会社関係にあることは想定されない。そのため、株式交換において、株式交換完全子会社が株式交換完全親会社の特別支配会社であるときは株主総会の決議を要しない旨のいわゆる「略式手続」に関する規定（会796①）に準じた規定は置かれていない。

　また、株式交換においては、「①交付する金銭等の全部又は一部が株式交換完全親会社の譲渡制限株式である場合であって、かつ、②株式交換完全親会社が公開会社でないとき」には、簡易手続によることができない（会796②ただし書）とされている。そのため、非公開会社である株式交換完全親会社が、株式交換完全子会社に対して株式交換の対価を交付しない場合には、簡易手続の要件を満たす場合もあり得る。他方で、株式交付においては、株

式交付親会社がその株式を交付しないことはできないから、上記①に相当する規定は置かれていない。すなわち、非公開会社は、常に株主総会の特別決議による株式交付計画の承認を得なければならないということになる。

エ　株主総会における説明義務

株式交付親会社において差損が生じる場合には、取締役は株主総会においてその旨を説明しなければならない（改正法816の3②）。

オ　反対株主の株式買取請求

株式交付親会社は、効力発生日の20日前までにその株主に対し、①株式交付をする旨並びに②株式交付子会社の商号及び住所を通知するなど、反対株主の株式買取請求に関する手続をとらなければならない（改正法816の6）。

株式交付親会社の反対株主は、原則として株式交付親会社に対し自己の有する株式を公正な価格で買い取ることを請求することができる。ただし、いわゆる簡易手続の要件を満たす場合には、株式交付親会社の株主は株式買取請求をすることができないこととしている。

反対株主の株式買取請求については、株式交換における会社法797条に準じた規定が置かれている。

改正会社法816条の6第3項に規定する株主への通知は、株式買取請求権を有するか否かにかかわらず、全ての株主が対象となること（ただし、株式交換においては、特別支配会社が除かれている（会797③）。）、また、①株式交付親会社が公開会社である場合、②株式交付親会社が株主総会の特別決議によって株式交付計画の承認を得た場合には、当該通知を公告に代えることができる（改正法816の6④）という点も、株式交換と同様（会797③・④）である。

カ　債権者保護手続

株式交付に際して、株式交付子会社の株式及び新株予約権等の譲渡人に対して交付する金銭等（株式交付親会社の株式を除く。）が株式交付親会社の株式に準ずるものとして法務省令（改正会施規213の7）で定めるもののみである場合以外の場合には、株式交付親会社の債権者は、株式交付親会社に対し、株式交付について異議を述べることができる（改正法816の8①）。

株式交付親会社の債権者が異議を述べることができる場合には、株式交付親会社は、次の①〜④の事項を官報に公告し、かつ、知れている債権者に対

しては、各別にこれを催告しなければならない。

　ただし、株式交付親会社が、上記公告を、官報のほか定款に定める公告方法に従い時事に関する日刊新聞紙（会939①二）又は電子公告（会939①三）に公告するときは、各別の催告は、することを要しないとされている（改正法816の8③）。

① 　株式交付をする旨（改正法816の8②一）

② 　株式交付子会社の商号及び住所（改正法816の8②二）

③ 　株式交付親会社及び株式交付子会社の計算書類に関する事項として法務省令（改正会施規213の8）で定めるもの（改正法816の8②三）

　※下記【公告文例】参照

④ 　債権者が一定の期間（1か月を超える必要がある）内に異議を述べることができる旨（改正法816の8②四）

　債権者が、改正会社法816条の8第2項4号の期間内に異議を述べなかったときは、当該債権者は、当該株式交付について承認したものとみなされる。債権者が異議を述べたときは、株式交付親会社は、当該債権者に対し、弁済し、若しくは相当の担保を提供し、又は当該債権者に弁済を受けさせることを目的として信託会社等に相当の財産を信託しなければならない。ただし、当該株式交付をしても当該債権者を害するおそれがないときは、弁済等をする必要はない。

　上記の債権者保護手続についても、株式交換における会社法799条に準じた規定が置かれている。

【公告文例】全国官報販売協同組合 HP 掲載文例より

【公告文例1　株式交付公告 標準型（改正法816条の8②）】

記　載　例	備　考
株式移転公告 　当社（甲）は、△△△△株式会社（乙、住所○○県○○市○○区○○町○丁目○○番○○号）を株式交付子会社とする株式交付をすることにいたしました（ので公告します）。	改正法 816の8②一・二 (注1)

効力発生日は令和○年○○月○○日であり、当社の株主総会の承認決議は令和○年○○月○○日に終了（又は予定）しております。	任意の記載事項
この株式交付に異議のある債権者は、本公告掲載の翌日から一箇月以内にお申し出下さい。	改正法 816の8②四
なお、各社の最終貸借対照表の開示状況は次のとおりです。 （甲）掲載紙　官報 　　掲載の日付　令和○年○○月○○日 　　掲載頁　○○○頁（号外第○○○号）	改正法 816の8②三 改正会施規 213の8一イ（注2）
（乙）　貸借対照表の要旨の内容を当社は確知しておりません。	改正法 816の8②三 改正会施規 213の8六（注2）
令和○年○○月○○日 　　東京都○○区○○○町○丁目○○番○○号 　　　　　　　　　　○○○○株式会社 　　　　　　代表取締役　　○○　　○○	掲載日、公告掲載依頼者の住所・氏名・代表者名は必須

（注1） 改正会社法816条の6第4項の通知公告を兼ねる場合は、末尾の記載を「ので公告します」とする。

（注2） 改正会社法施行規則213条の8各号の記載方法（計算書類に関する事項）は以下のとおり

第1号イ　決算公告を官報でしているとき
　　　　　掲載紙　官報
　　　　　掲載の日付　令和○年○月○日
　　　　　掲載頁　○○○頁（号外第○○号）

第1号ロ　決算公告を事に関する事項を掲載する日刊新聞紙で公告をし
　　　　　ているとき
　　　　　掲載紙　○○○○新聞
　　　　　掲載の日付　令和○年○月○日
　　　　　掲載頁　○○頁

第1号ハ　電子公告により公告をしているとき（電子開示）
　　　　　http://koukoku@gov-book.or.jp

第2号　　最終事業年度に係る貸借対照表につき公告対象会社が会社法
　　　　　440条3項に規定する措置をとっている場合（電子公告）
　　　　　http://koukoku@gov-book.or.jp

第3号　　公告対象会社が会社法440条4項に規定する株式会社で
　　　　　ある場合において、当該株式会社が金融商品取引法24条1項
　　　　　の規定により最終事業年度に係る有価証券報告書を提出して
　　　　　いるとき
　　　　　金融商品取引法による有価証券報告書提出済。

第4号　　公告対象会社が整備法28条の規定により会社法440条の規定
　　　　　が適用されないものである場合
　　　　　計算書類の公告義務はありません。

第5号　　公告対象会社につき最終事業年度がない場合
　　　　　確定した最終事業年度はありません。
　　　　　（株式交付親会社が株式交付子会社の最終事業年度の存否を知
　　　　　らない場合）
　　　　　最終事業年度の存否を当社は確知しておりません。

> 第6号　　前各号に掲げる場合以外の場合
> **最終事業年度に係る貸借対照表の要旨の内容**
> （株式交付子会社の当該貸借対照表の要旨の内容にあっては、
> 株式交付親会社がその内容を知らないとき）
> **貸借対照表の要旨の内容を当社は確知しておりません。**

【公告文例2　効力発生日の変更公告（改正法816の9③）】

> 効力発生日変更公告
> 　当社は、令和○○年○○月○○日予定の株式交付の効力発生日を令和
> ○○年○○月○○日に変更いたしましたので公告します。
> 　令和○○年○○月○○日
> 　　　　　　　　　　　　　　　東京都○○区○○○町○丁目○○番○○号
> 　　　　　　　　　　　　　　　　　　　　　　　○○○○株式会社
> 　　　　　　　　　　　　　　　　　　代表取締役　　○○　　○○

【公告文例3　株式交付につき通知公告（改正法816の6④）】

> 株式交付につき通知公告
> 　当社は、△△△△株式会社（住所○○県○○市○○区○○町○丁目○
> ○番○○号）を株式交付子会社とする株式交付をすることにいたしまし
> たので公告します。
> 　なお、効力発生日は令和○○年○○月○○日です。※
> 　令和○○年○○月○○日
> 　　東京都○○区○○○町○丁目○○番○○号
> 　　　　　　　　　　　　　　○○○○株式会社
> 　　　　　　　　　代表取締役　　○○　　○○

※効力発生日の記載は任意

キ　事後開示手続

　株式交付親会社は、効力発生日後遅滞なく、株式交付に際して株式交付親会社が譲り受けた株式交付子会社の株式の数その他の株式交付に関する事項として法務省令（改正会施規213の9）で定める事項を記載し、又は記録した書面又は電磁的記録を作成し（改正法816の10①）、効力発生日から6か

月間当該書面をその本店に供え置き、その株主及び債権者による閲覧等に供しなければならないこととしている（改正法816の10②）。

株式交換完全親会社についても、類似の規定が置かれている（会801③三・791①二、会施規190）

7 | 株式交付をやめることの請求

株式交付が法令又は定款に違反する場合において、株式交付親会社の株主が不利益を受けるおそれがあるときは、株式交付親会社の株主は、株式交付親会社に対し株式交付を止めることを請求することができる。ただし、簡易手続の要件を満たす場合は、株式交付親会社の株主は株式交付を止めることを請求することができない（改正法816の5）。

株式交換においても、類似の規定が置かれている（会796の2）。

8 | 株式交付の効力の発生

(1) 効力の発生

株式交付親会社は、効力発生日（改正法774の3①十一）に給付を受けた株式交付子会社の株式及び新株予約権等を譲り受け、当該株式及び新株予約権等の譲渡人は、株式交付計画における対価の割当てに関する定めに従い、株式交付親会社の株式その他の対価を取得する（改正法774の11）。

なお、株式交付の対価である株式交付親会社の株式の数に1株未満の端数があるときは、会社法234条の規定により端数処理がなされる（改正法234①九）。

(2) 株式交付の効力が発生しない場合

次の場合には、株式交付の効力は発生しないこととされている（改正法774の11⑤）。

① 効力発生日において、債権者保護手続（改正法816の8）が終了していない場合（改正法774の11⑤一）

② 株式交付を中止した場合（改正法774の11⑤二）

③　効力発生日において、株式交付親会社が給付を受けた株式交付子会社の株式の総数が、株式交付計画において定めた下限の数（改正法774の3①二）に満たない場合（改正法774の11⑤三）

④　効力発生日において、株式交付親会社の株式の株主となる者がいない場合（改正法774の11⑤三）

①②は、株式交換に関する会社法769条6項に準じた規定である。

③については、株式交付が株式交付親会社と株式交付子会社の親子関係を創設するための制度であることから、給付を受けた株式交付子会社の株式の数が、株式交付計画において定めた下限の数満たないときは、株式交付の効力は発生しないこととなる。

④についての具体例としては、株式交付子会社が普通株式及びA種株式（いずれも議決権のある株式）を発行している場合であって、株式交付計画において普通株式に対する対価は株式交付親会社の株式、A種類株式に対する対価は金銭とされている場合に、普通株主からは譲渡しの申込みが全くなく、A種株主からは申込みがあった結果、株式交付計画において定められた下限の数（改正法774の3①二）は満たされたものの、株式交付親会社の株式は全く交付されなかったというような場合が挙げられると思われる。（日本弁護士連合会『実務解説 改正会社法〔第2版〕』215頁（弘文堂、2021）より引用）。

株式交付の効力が発生しなかった場合には、株式交付親会社は、株式交付子会社の株式及び新株予約権等の譲渡しの申込者等（以下、「譲渡人」という。）に対し、株式交付をしない旨を通知し、譲渡人から給付を受けた株式交付子会社の株式又は新株予約権等があるときは、株式交付親会社は、遅滞なく、これらを譲渡人に返還しなければならない（改正法774の11⑥）。

(3)　効力発生の変更等
ア　効力発生日の変更

株式交付親会社は、単独で効力発生日を変更することができる（改正法816の9①）。この場合、株式交付親会社は、変更前の効力発生日（変更後の効力発生日が変更前の効力発生日前の日である場合にあっては、当該変更後の効力発生日）の前日までに、変更後の効力発生日を公告しなければならない（改正法816の9③）。また、株式交付親会社は、直ちに、その旨及び当該変更があった事項を改正会社法774条の4第2項の申込みをした者に通知しな

ければならない（改正法 774 の 4 ⑤）。

　また、効力発生日の変更を何ら制限なしに認めることは、株式交付子会社の株式及び新株予約権等の譲受けの相手方である譲渡人の利益を不当に害する恐れがあるから、公開買付期間の延長に関する規律を踏まえ、変更後の効力発生日は、株式交付計画において定めた当初の効力発生日から 3 か月以内の日でなければならないとされている（改正法 816 の 9 ②）（竹林俊憲ほか「令和元年改正会社法の解説〔Ⅶ〕」12 頁（旬刊商事法務 2228 号））。

　株式交換において効力発生日を変更するには、株式交換契約の当事者である株式交換完全親会社と株式交換完全子会社の合意を要することとされている（会 790 Ⅰ）。しかし、株式交付において、株式交付親会社と株式交付子会社の株式等の譲渡人との間の合意を要することとするのは、当該譲渡人が相当な数となる可能性もあり、現実的ではない。そのため、組織変更に関する規律（会 780）も参考として、株式交付親会社が単独で効力発生日を変更することができることとしている（竹林俊憲ほか「令和元年改正会社法の解説〔Ⅶ〕」12 頁（旬刊商事法務 2228 号））。

イ　譲渡しの申込みの期日の変更

　効力発生日を変更する場合（改正法 816 の 9 ①）には、同時に株式交付子会社の株式等の譲渡しの申込みの期日（改正法 774 の 3 ①十）を変更することができる。この場合、株式交付親会社は、直ちに、その旨及び当該変更があった事項を改正会社法 774 条の 4 第 2 項の申込みをした者に通知しなければならない（改正法 774 の 4 ⑤）。

⑷　株式交付の無効の訴えの概要

　株式交付の無効は、株式会社の株式交付の無効の訴えという形成の訴えをもってのみ主張することができる（改正法 828 ①十三）。

　株式交付の無効の訴えに関する概要は以下のとおりである。

① 　株式交付の無効の訴えの提訴期間は、株式交付の効力が生じた日から 6 か月である（改正法 828 ①十三）

② 　株式交付の無効の訴えの提訴権者は、次の者である（改正法 828 ② 十三）

　　ⅰ 　株式交付が効力を生じた日において株式交付親会社の株主等であった者

　　ⅱ　株式交付に際して株式交付親会社に株式交付子会社の株式又は新株
　　　予約権等を譲り渡した者

　　ⅲ　株式交付親会社の株主等、破産管財人又は株式交付について承認を
　　　しなかった債権者

③　無効事由については、明示的な規定を設けることはしておらず、どの
　ような事由が無効事由に該当するかは解釈に委ねられるが、無効事由の
　典型例としては、以下のものが考えられる（竹林俊憲ほか「令和元年改正
　会社法の解説〔Ⅶ〕」13頁（旬刊商事法務 2228 号））。

　　ⅰ　株式交付計画について法定の要件を欠くこと

　　ⅱ　株式交付計画を承認する株主総会の決議に瑕疵があること

　　ⅲ　株式交付計画の内容等を記載した書面等が備え置かれていないこと

　　ⅳ　債権者異議手続をとらなければならない時に、これをとらなかった
　　　こと

④　株式交付の無効の訴えの被告は、株式交付親会社である（改正法 834
　十二の2）

⑤　株式交付の無効の訴えに係る請求を認容する判決が確定したときは、
　株式交付は将来に向かってその効力を失う（改正法 839）

　株式会社の株式交付の無効の訴えに係る請求を認容する判決が確定した場
合において、株式交付親会社は株式交付の際に給付を受けた株式交付子会社
の株式及び新株予約権等を返還しなければならない（改正法 844 の2①）。

9 ｜ 株式交付・株式交換・募集株式発行の比較

　前述のとおり、株式交付は、部分的な株式交換として組織法上の行為と位
置づけられている。そのため、株式交付に関する規律については、基本的に
株式交換完全親会社が株式会社である場合の株式交換に関する規律と同様の
規律が置かれている。

　他方で、株式交付親会社は、株式交付子会社の株式を当該子会社の株主か
ら譲り受け、その対価として株式交付親会社の株式を交付することとしてお
り、この点は、株式交付子会社の株式を現物出資財産とする募集株式の発行
手続と類似している。そのため、株式交付子会社の株式の譲渡しに関する手
続については、募集株式の発行等における引受けの申込み、割当て及び現物

出資財産の給付の手続に関する規律を参考とした規律が設けられている。

　このように、株式交付の手続は、部分的に株式交換と現物出資による募集株式の発行の手続に関する規律と同様又は類似した規律が置かれているため、株式交付と株式交換、株式交付と現物出資による募集株式の発行（いわゆる第三者割当による場合。ただし、非公開会社に限定）を比較してみる。

【株式交換と株式交付の比較表】

	株式交換	株式交付
親会社となる会社の種類	株式会社又は合同会社（会2三十一）	株式会社（改正法2三十二の二）
子会社となる会社の種類	株式会社（会2三十一）	株式会社（改正法2三十二の二）
親会社株式を対価とすること	任意（会768①二）（無対価も可）	必須（改正法774の3①三）
事前開示手続	株式交換完全親会社　あり（会794②）株式交換完全子会社　あり（会782②）	株式交付親会社　あり（改正法816の2）株式交付子会社　なし
譲渡制限株式の譲渡承認の要否	株式交換完全子会社の承認不要。会社法137条第1項の承認があったものとみなされる（会769②・771②）	株式交付子会社の承認必要（会136・139）
株主総会の承認の要否	株式交換完全親会社　必要（会795①）株式交換完全子会社　必要（会783①）	株式交付親会社　必要（改正法816の3①）株式交付子会社　不要
簡易組織再編手続の有無	株式交換完全親会社　あり（会796②）株式交換完全子会社　なし	あり（改正法816の4①）非公開会社は簡易手続によることはできない（改正法816の4①ただし書）

略式組織再編手続の有無	株式交換完全親会社 あり（会796①）株式交換完全子会社 あり（会784①）	なし（特別支配会社が存在しないため）
株式買取請求権の有無	株式交換完全親会社の株主⇒原則あり（会797①）株式交換完全子会社の株主⇒原則あり（会785①）	株式交付親会社の株主⇒原則あり（改正法816の6①） 株式交付子会社の株主⇒なし
新株予約権の承継の可否	可（会768①四）	株式交付子会社の株式と併せて譲り受ける場合のみ可（改正法774の3①三・五）
株券発行会社である子会社の株券提出公告の要否	原則として必要（会219①七）	不要（規定なし）
効力発生日の変更手続	①株式交換完全親会社と株式交換完全子会社の合意により（会790①）、②効力発生日の前日までに変更後の効力発生日を公告する（会790②）	①株式交付親会社が単独で決定し（改正法816の9①）、②効力発生日の前日までに変更後の効力発生日を公告する（改正法816の9③） ③変更後の効力発生日は、当初の効力発生日から3か月以内の日であることを要する（改正法816の9②） ④株式交付親会社は、株式交付子会社の株式の譲渡しの申込みをした者に対し変更事項を通知する（改正法774の4⑤）
子会社の株主名簿の名義書換手続	株式交換完全親会社の単独請求（会133②、会施規22①七）	株式交付親会社と株式交付子会社の株主との共同請求（会133）

【 現物出資による募集株式の発行（第三者割当）と株式交付の比較表 】
（非公開会社の場合）

	第三者割当による募集株式の発行（現物出資）	株式交付
承認機関	株主総会 （会 199 ②）	株主総会 （改正法 816 の 3 ①）
株式引受人等に対する通知	株式引受人への通知必要 （会 203 ①）	申込者への通知必要 （改正法 774 の 4 ①）
株式の引受け等の申込み	引受けの申込み必要 （会 203 ②）	譲渡しの申込み必要 （改正法 774 の 4 ②）
株式の割当決議	必要（会 204 ①） 株主総会（取締役会設置会社の場合は取締役会）の決議による（会 204 ②）	必要（改正法 774 の 5）
割当株式数の通知	必要（会 204 ③）	必要（改正法 774 の 5 ②）
株式の総数引受契約等を締結した場合の手続	総数引受契約（会 205）の締結により、会社法 203 条・204 条の適用が除外される	総数譲渡し契約（改正法 774 の 6）の締結により、改正法 774 条の 4・774 条の 5 の適用が除外される
現物出資規制	あり （会 207・212 ①二・213）	なし（規定なし）
申込期日の定めの要否	不要（規定なし）	必要 （改正法 774 の 3 ①十）
資本金の額の増加	必須 資本金等増加限度額の2分の1以上（会 445 ①・②）	任意 （会 445・改正会計規 39 の 2）

10 │ 株式交付の スケジュール

　株式交付親会社及び株式交付子会社が非公開会社である場合の株式交付の手続期間は、下記のとおりである（ただし、債権者保護手続を要しないケースを想定している）。

　また、株式の総数譲渡し契約（改正法774の6）を締結する場合には、図表中の⑥〜⑧は不要となる。

【株式交付のスケジュール（非公開会社・債権者保護手続を要しない場合）】

	手　続	スケジュール
①	株式交付計画の作成（改正法774の2・774の3）	
②	事前開示書面の備置開始（改正法816の2）	③の日又は⑤の2週間前の日のいずれか早い日から効力発生日後6か月を経過する日まで（⑤が会社法319条第1項の株主総会の決議の省略の場合は、④-2の日）
③	株式買取請求に関する株主への通知又は公告（改正法816の6③・④）	⑪の20日前まで
④-1	株式交付計画承認の株主総会の招集通知の発送（会299①）	⑤の1週間前まで
④-2	株式交付計画承認の株主総会が会社法319条第1項の決議の省略の場合の決議事項の提案	⑤まで（同日も可）
⑤	株主総会における株式交付計画の承認（改正法816の3）	⑪の前日まで
⑥	株式交換親会社から株式の申込みをしようとする者への通知（改正法774の4①）	①の後

⑦	株式交付子会社の株式の申込み （改正法774の4②）	⑥の後、⑩まで
⑧	株式交付親会社の株式の割当て （改正法774の5①）	⑦の後、⑨まで
⑨	株式割当通知 （改正法774の5②）	⑧の後、⑪の前日まで
⑩	株式の申込みの期日 （改正法774の3①十）	⑪の前日まで
⑪	効力発生日	改正会社法774条の3第1項第11号
⑫	株式交付子会社の株式譲渡しの承認決議（会139）	効力発生の直前まで （改正法774の7②）

11 | 株式交付の登記

　株式交付をしたときは、株式交付親会社は効力発生日から2週間以内に、その本店の所在地において変更の登記をしなければならない（会915①）。ただし、株式交付の対価として株式交付親会社の自己株式のみを交付する場合であって、下記(1)①～③の登記すべき事項に変更が生じないときは、変更登記を要しないことになる。

　また、株式交付子会社の変更登記は要しない。

　株式交換においては、株式交換完全子会社に対して株式交換完全親会社の新株予約権を交付した場合（会768①四）には、株式交換完全親会社の登記と同時に、株式交換完全子会社の新株予約権の消滅の登記（会769④・911③十二）を申請する必要があるが、株式交付においては株式交付子会社の新株予約権は消滅せず、株式交付親会社が株式交付子会社の新株予約権の新株予約権者となるのみであり、登記すべき事項が生じないからである。

(1) 登記すべき事項

　株式交付親会社の登記すべき事項は、次の事項につき変更を生じた旨及び

その変更年月日である。

　① 　発行済株式の総数（種類株式発行会社にあっては発行済株式の種類及び数を含む）

　② 　資本金の額

　③ 　株式交付子会社の株式の譲渡人に対して新株予約権を発行した場合には、新株予約権に関する登記事項

　株式交付を承認する株主総会において、定款の変更（例えば、発行可能株式総数の拡大変更）等を決議したことにより、登記事項に変更が生じた場合には、上記に加え、それぞれを登記すべき事項として掲げることとなる。

　なお、株式交換と同様、株式交付をした旨の登記はされない。

⑵　添付書面

　株式交付親会社の株式交付による変更登記の申請書には、次の書面を添付しなければならない。

　① 　株式交付計画書（改正商登法90の2一）

　　　効力発生日の変更があった場合には、株式交付親会社において取締役の過半数の一致があったことを証する書面又は取締役会の議事録も添付しなければならない（商登46①②）。

　② 　株式の譲渡しの申込み又は改正会社法774条の6の契約（株式の総数譲渡し契約）を証する書面（改正商登法90の2二）

　　　改正会社法774条の6の契約（株式の総数譲渡し契約）を締結した場合は株式の総数譲渡し契約書を、それ以外の場合には、改正会社法774条の4第2項の書面（株式譲渡し申込証）を添付する。

　③ 　株式交付計画の承認に関する書面（商登46②）

　　　株式交付計画の承認機関に応じ、株主総会議事録、種類株主総会議事録又は（簡易株式交付の場合にあっては）取締役会議事録を添付する。

　　　なお、非公開会社は簡易株式交付の手続によることはできないため、株主総会において株式交付計画の承認を得ることが必須となる（会816の4①ただし書）。

【記載例】株式譲渡しの申込証

株式譲渡し申込証

株式会社日司連販売　　普通株式　　200株

　会社法第774条の４第１項の規定による通知事項を承認
のうえ、会社法第774条の４第２項に基づき、貴社に対し、
上記株式の譲渡しの申込みをいたします。

令和○年○月○日
　　　　東京都千代田区九段南一丁目１番１号
　　　　株式会社司法商会
　　　　代表取締役　司法太郎　　㊞

日司連商事株式会社　御中

---

④　簡易株式交付の場合にはその要件を満たすことを証する書面（簡易株
式交付に反対する旨を通知した株主がある場合にあっては、その有する株式
の数が改正会社法施行規則213条の６の規定により定まる数に達しないこと
を証する書面を含む。）（改正商登法90の２三）

　この書面については他の組織再編の場合と同様と考えられ、松井憲信
『商業登記ハンドブック〔第４版〕』561頁（商事法務、2021）に準じた
場合、株式交付については以下のとおりとなると思われる。

　簡易株式交付の要件を満たすことを証する書面は、具体的には、代表
者の作成に係る証明書（会社法816条の４第１項各号（改正会社法施行規
則213条の５各号を含む。）の額又はその概算額を示す等の方法によりその要
件を満たしていることを確認することができるもの）等がこれに該当する。
簡易株式交付に反対する旨を通知した株主がない場合には、申請書にそ
の旨を記載すれば足り、また、そのような株主がある場合には、代表者
の作成にかかる証明書（改正会社法施行規則第213条の６各号による算定
経緯及び数を示す等の方法により、反対株主の有する株式の数がこれに達し

ないことを確認することができるもの）を添付することとなる。

⑤　債権者保護手続が必要な場合には、会社法816条の8第2項の規定による公告及び催告（同条第3項の規定により公告を官報のほか時事に関する事項を掲載する日刊新聞紙又は電子公告によってした場合にあっては、これらの方法による公告）をしたこと並びに異議を述べた債権者があるときは、当該債権者に対し弁済若しくは相当の担保を供し若しくは当該債権者に弁済を受けさせることを目的として相当の財産を信託したこと又は当該債権者を害するおそれがないことを証する書面（改正商登法90の2四）

公告をしたことを証する書面としては、官報（公告掲載頁のみ）のほか、会社法816条の8第3項の場合には、日刊新聞紙（公告が掲載された頁）又は電子公告調査機関の調査報告書（電子公告調査機関の電子署名がなされた電磁的記録でも可）が該当する。

催告をしたことを証する書面としては、例えば催告書の文面と催告をした債権者の名簿を代表者が名簿記載の債権者に対し各別に催告をした旨を証明した書面が該当する。

また、異議を述べた債権者がない場合には、申請書にその旨を記載するか代表者が異議を述べた債権者がない旨を証明した上申書を添付する。

⑥　資本金の額が会社法の規定に従って計上されたことを証する書面（改正商登法90の2五）

代表者の作成に係る証明書がこれに該当する。

なお、株式交付により株式交付親会社の資本金の額が増加しない場合にはこの書面の添付を要しない。

また、株式交付においては、会社法816条の8の規定による債権者保護手続をとっている場合以外の場合には、原則として、株式資本等変動額の全額を資本金又は資本準備金に計上しなければならず、その他資本剰余金の額を増加させることはできない点にも注意が必要である。（改正会計規39の2②ただし書）。

⑦　株主の氏名又は名称、住所及び議決権数等を証する書面（株主リスト）（商登規61③）

株主総会（及び種類株主総会）において株式交付計画の承認を受ける場合には、株主リストの添付を要する。

⑧　委任状（商登法18）

代理人に登記申請の委任をする場合に添付する。

なお、添付書面については以下の点にも注意を要する。

i 株式交付における株式の割当ての決定又は総数譲渡し契約の承認を受けたことを証する書面については、募集株式の発行に関する会社法204条2項及び205条2項に相当する規定が存在しない。したがって、株式交付親会社が譲り受ける株式交付子会社の株式が譲渡制限株式であった場合においても、当該書面は株式交付の登記の添付書面とはなっていないと思われる。

ii 株式交付親会社が譲り受ける株式交付子会社の株式が、譲渡制限株式だった場合の株式譲渡承認の議事録や、会社法467条1項2号の2に該当した場合の親会社の事業譲渡の承認に関する議事録は、登記の添付書類にはならない（神﨑満治郎ほか「＜座談会＞会社法・商業登記法の改正と今後の登記実務の展望」22頁（登記情報701号））。

(3) 登録免許税

株式交付による変更の登記の登録免許税は、増加した資本金の額の1000分の7（これによって計算した額が30,000円に満たないときは30,000円）である（登税別表1第24号㈠ニ）。資本金の額とともに発行済株式の総数が増加する場合でも、発行済株式の総数の変更の登記については、登録免許税を別途納付する必要はない。

なお、株式交付により資本金の額が増加しない場合にあっては30,000円（登税別表1第24号㈠ツ）となる。

【記載例】登記申請書（株式交付の対価が株式のみであり、資本金の額が増加する場合）

株式会社変更登記申請書

1. 会社法人等番号 ○○○○-○○-○○○○○○
　フリガナ ニッシレンショウジ
1. 商　号 日司連商事株式会社
1. 本　店 東京都新宿区四谷本塩町4番37号
1. 登記の事由 株式交付
1. 登記すべき事項 別紙のとおり
1. 課税標準金額 金10,000,000円
1. 登録免許税 金70,000円

1．添付書類

株式交付計画書	1通
株主総会議事録	1通
株式の譲渡しの申込みを証する書面	○通
株主の氏名又は名称、住所及び議決権数等を証する書面（株主リスト）	1通
資本金の額の計上に関する証明書	1通
委任状	1通

上記のとおり登記の申請をする。

令和○○年○○月○○日

　　東京都新宿区四谷本塩町4番37号
　　申請人　　日司連商事株式会社
　　東京都新宿区四谷本塩町4番37号
　　代表取締役　　日司連　一郎
　　東京都新宿区四谷本塩町4番37号
　　上記代理人　　司法書士　司法　太郎　　㊞

東京法務局　新宿出張所　御中

【記載例】登記すべき事項

「発行済株式の総数」400株
「原因年月日」令和○年○月○日変更
「資本金の額」金2000万円
「原因年月日」令和○年○月○日変更

※増加する資本金の額1000万円、発行する株式数200株の場合である。

12 | 施行日等

⑴ 経過措置

なし。

⑵ 施行日

令和3年3月1日である。

第4節 | 新株予約権に関する 登記事項の簡略化

1 | 新株予約権に関する登記事項の 改正の概要

(1) 従来の登記すべき事項

改正前会社法おいては、新株予約権を発行した場合の登記すべき事項としては、下記のとおりとされていた（会911③十二・平成18年3月31日付法務省民商第782号）。

① 新株予約権の数

② 新株予約権の目的である株式の数（種類株式発行会社にあっては、株式の種類及び種類ごとの数）又はその数の算定方法

③ 募集新株予約権と引換えに金銭の払込みを要しないこととする場合には、その旨

④ ③以外の場合には、募集新株予約権の払込金額又はその算定方法

⑤ 当該新株予約権の行使に際して出資される財産の価額又はその算定方法

⑥ 金銭以外の財産を当該新株予約権の行使に際してする出資の目的とするときは、その旨並びに当該財産の内容及び価額

⑦ 当該新株予約権を行使することができる期間

⑧ ⑤から⑦までのほか、新株予約権の行使の条件を定めたときは、その条件

⑨ 取得条項付新株予約権については、一定の事由が生じた日に会社がその新株予約権を取得する旨及びその事由、その取得と引換えに交付する株式の種類及び種類ごとの数又は新株予約権の内容及び数等

(2) 改正となった登記事項の論点

株式会社は、その発行する新株予約権を引き受ける者の募集をしようとするときは、その都度、募集新株予約権について、その内容及び数、募集新株

予約権と引換えに金銭の払込みを要しないこととする場合には、その旨等を定めなければならない（募集事項の決定）（会238①）（後掲の表を参照。）。なお、募集事項の決定をする機関は、公開会社では、原則として取締役会であり、非公開会社では、株主総会（特別決議）である（会238②・240①）。

募集新株予約権と引換えに金銭の払込みを要する場合は、その払込みは新株予約権の行使期間の初日の前日までに、又は払込期日を定めた場合はその日までに行わなければならない（会246①）とされている。

また、会社は、募集新株予約権を発行する場合に、それが有償であるか無償であるかを問わず、募集新株予約権を割り当てる日を募集事項において決定しておく必要があるとされている（会238①四）。

そして、会社が募集新株予約権の引受けの申込者の中からその割当を受ける者を決定し、会社で定めた募集新株予約権を割り当てる日に、その者が新株予約権者となることとされている（会245①）。

ところで、募集新株予約権と引換えにする払込みは、割当日の後でもよく、割当日後に払込みを行うことができる場合は、払込金額が確定していない状態で、割当日が到来することになるが、新株予約権の効力は発生するので、この割当日から2週間以内に変更登記を申請する必要があることになるのである。

新株予約権に関する登記すべき事項を定めた改正前会社法911条3項12号においては、上記(1)のとおり、募集新株予約権と引換えに金銭の払込みを要しないこととする場合には、その旨を、払込みを要することとする場合には、募集新株予約権一個と引換えに払い込む金銭の額又はその算定方法を登記することとされていた。

そして、「払い込む金銭の額又はその算定方法を登記する」とされているが、「算定方法を定めた場合には、登記の申請の時までに募集新株予約権の払込金額が確定したときであっても、同号の解釈上、当該算定方法を登記するもの」（竹林俊憲ほか「会社法の一部を改正する法律の概要」11頁以下（登記情報699号））と解されてきた。

これについて、法制審議会会社法制（企業統治等関係）部会において、「新株予約権を発行した株式会社は、新株予約権の登記をする必要があり、その登記事項は、①新株予約権の数、②新株予約権の内容のうち一定の事項（新株予約権の目的である株式数、行使期間等）及び行使条件、③払込金額又はその算定方法（いわゆる発行価額）等とされている（改正法911③十二）。新株

予約権の登記については、実務上、払込金額の算定方法につきブラック・ショールズ・モデルに関する詳細かつ抽象的な数式の登記を要するなど、全般的に煩雑で申請人の負担となっており、また、登記事項を一般的な公示にふさわしいものに限るべきである等の指摘がある。

　この点について、上記①及び②は、将来どのような場合に新株予約権が行使されてどの程度の株式が発行されるかを広く公示するとともに、新株予約権の譲受人にとっても権利の具体的内容を明らかにしておく意義を有するのに対し、上記③は、新株予約権の内容そのものではなく、その公示の意義は、上記①及び②とは若干異なるようにも考えられる。上記③の登記（会社法第238条第1項第2号及び第3号に係る登記）については、特に払込金額の算定方法について抽象的な数式の登記がされているにすぎない場合にはその意義に乏しいと見る立場から、これを廃止すべきであるとの考え方もあり得る。」（会社法制（企業統治等関係）部会資料13、1頁）とされていた。

　しかし、「新株予約権の払込金額は、資本金の額に直接的に影響を与えるものでもなく、会社法第238条第1項第2号及び第3号に掲げる事項を新株予約権の発行の段階から登記事項として公示することは不要ではないかという指摘や、本来的には払込金額のみを登記事項とすれば十分であるという指摘等があったが、他方で、登記事項とすることにより、利害関係者が比較的容易にその内容を見ることができるという利点がある」（会社法制（企業統治等関係）の見直しに関する中間試案の補足説明70頁）という指摘もなされていた。

(3)　改正事項

　上記(2)をうけて、改正会社法では、会社法238条1項2号及び3号に掲げる事項は、登記すべき事項として維持するが、新株予約権に関する登記事項についての規律を改め、募集新株予約権について会社法238条1項3号に掲げる事項を定めたときは、募集新株予約権の払込金額（同号に掲げる事項として募集新株予約権の払込金額の算定方法を定めた場合において、登記の申請の時までに募集新株予約権の払込金額が確定していないときは、当該算定方法）を登記しなければならないものとし（改正法911③十二ヘ）（後掲の表を参照。）、現行会社法では、募集新株予約権の払込金額の算定方法を登記することを原則としていたところを、払込金額が確定しているときは、これを登記することを原則とすることとした。

　これにより、従来は、払込金額の算定方法を登記することで済ましていた

場合でも、新株予約権の変更登記申請までに確定した払込金額がある場合はこれを登記することとなり、一般に公示される登記記録としてわかりやすくなったと言える。

新株予約権における募集事項の決定（会238①）

　株式会社は、その発行する新株予約権を引き受ける者の募集をしようとするときは、その都度、募集新株予約権（当該募集に応じて当該新株予約権の引受けの申込みをした者に対して割り当てる新株予約権をいう。）について次に掲げる事項を定めなければならない。

① 　募集新株予約権の内容及び数
② 　募集新株予約権と引換えに金銭の払込みを要しないこととする場合には、その旨
③ 　前号に規定する場合以外の場合には、募集新株予約権の払込金額（募集新株予約権一個と引換えに払い込む金銭の額をいう。）又はその算定方法
④ 　募集新株予約権を割り当てる日
⑤ 　募集新株予約権と引換えにする金銭の払込みの期日を定めるときは、その期日

（以下省略）

新株予約権を発行したときの登記すべき事項（改正法911③十二ヘ）

会社法238条1項3号に掲げる事項を定めたときは、募集新株予約権の払込金額（同号に掲げる事項として募集新株予約権の払込金額の算定方法を定めた場合において、登記の申請の時までに募集新株予約権の払込金額が確定していないときは、当該算定方法）

---

2 ｜ 登記実務上の留意点

(1) 払込金額が確定していないかの確認

　登記すべき事項としての募集新株予約権の払込金額は、あくまで「登記申請の時」を基準としている（前掲の表を参照。）。そうすると、新株予約権の

効力発生は割当日であるので、この割当日から 2 週間以内に変更登記を申請すべきであることは、前述のとおりであるが、割当日が到来したことにより、当初、募集新株予約権の払込金額の算定方法で登記の申請を行う予定でいたところ、割当日から登記申請までの間に、募集新株予約権の払込金額が確定した場合は、その確定した払込金額を登記しなければならない。

登記申請の依頼を受ける司法書士等は、登記申請の委任日以降、実際に登記申請を行うまでに期間が空いている場合は、登記すべき事項に変更がないか確認を要する。

なお、登記申請日に、払込金額が確定していたにもかかわらず、払込金額の算定方法による登記がなされてしまった場合は、後日更正登記が必要となると考えられる（神﨑満治郎ほか「＜座談会＞会社法・商業登記法の改正と今後の登記実務の展望」24 頁（登記情報 701 号））。

(2)　添付書類

新株予約権を発行した場合の登記申請の際の添付書類については、改正前から変更はない。なお、募集新株予約権の払込金額の算定方法を登記する場合に、払込金額が確定しないことにつき上申書等の添付を要しない（令和 3 年 1 月 29 日付法務省民商第 14 号）。

3 ｜ 施行日等

(1)　経過措置

改正会社法施行前に登記の申請がされた新株予約権の発行に関する登記の登記事項については、改正会社法 911 条 3 項 12 号の規定にかかわらず、なお従前の例によるとされた（改正法附則 9）。

また、登記申請時に募集新株予約権の払込金額が確定していない場合に、その算定方法を登記し、その後に払込金額が確定した場合の変更登記は義務付けられないと解される（神﨑満治郎ほか「＜座談会＞会社法・商業登記法の改正と今後の登記実務の展望」24 頁（登記情報 701 号））。

(2)　施行日

令和 3 年 3 月 1 日である。

第5節 会社の支店所在地における登記の廃止

1 支店所在地における登記の概要

　会社の設立に際して支店を設けた場合は、本店の所在地における設立の登記をした日から2週間以内、会社の成立後に支店を設けた場合等は、支店を設けた日から3週間以内に支店所在地において、支店の所在地における登記をしなければならないとされ（会930①）、支店所在地においては、商号、本店の所在場所、支店（その所在地を管轄する登記所の管轄区域内にあるものに限る。）の所在場所を登記しなければならないとされており（会930②）、会社成立の年月日並びに支店を設置し又は移転した旨及びその年月日をも登記しなければならないとされている（商登48②）。

　そして、これらの支店の所在地を管轄する登記所における支店に関する登記事項は、その変更が生じたときから3週間以内に、当該支店所在地において、変更の登記をする必要があるが（会930③）、本店及び支店の所在地において登記すべき事項について支店の所在地においてする登記の申請書には、本店の所在地においてした登記を証する書面を添付する以外には、他の添付書類は要しないとされ（商登48①）、法務大臣の指定する登記所の管轄区域内に本店を有する会社が本店及び支店の所在地において登記すべき事項について支店の所在地においてする登記の申請は、その支店が法務大臣の指定する他の登記所の管轄区域内にあるときは、本店の所在地を管轄する登記所を経由してすることができるとされている（商登49①）。

　また、他の登記所の管轄区域内への支店の移転の登記、支店における変更の登記等の登記の義務が課されている（会931、932）。

2 改正の概要及び背景

(1) 改正の概要

　改正会社法においては、支店の所在地における登記（会930ないし932）を廃止するものとし、この現行会社法における条文の削除にともない、商業登記法において、支店所在地における登記の定め（商登48ないし50）は削除されることとなった。

　これにより、令和4年9月1日以降は前記1のような支店所在地における登記手続きは不要となる。

(2) 改正の背景

　現行会社法においての支店の所在地における登記について、登記事項証明書の交付の請求がされることはほとんどなく、法制審議会会社法制（企業統治等関係）部会においては、「会社は、本店の所在地において登記をするほか、支店の所在地においても、(i)商号、(ii)本店の所在場所、(iii)支店（その所在地を管轄する登記所の管轄区域内にあるものに限る。）の所在場所（会930②各号）の登記をしなければならないこととされている。

　これは、支店のみと取引をする者が本店の所在場所を正確に把握していない場合があり得ることを前提として、支店の所在地を管轄する登記所において検索すればその本店を調査できるという仕組みを構築するものであった。

　しかし、インターネットの広く普及した現在においては、会社の探索は一般に容易となっており、登記情報提供サービスにおいて、会社法人等番号（商登法7）を利用して会社の本店を探索することもできるようになっている。」（会社法制（企業統治等関係）の見直しに関する中間試案の補足説明71頁）といわれていた。

　このような状況であるので、支店の所在地の登記所において、取引先の本店の調査を行うようなことは、少なくなっているのではないかと思われる。

　そこで、改正会社法においては、登記申請義務を負う会社の負担軽減等の観点から、会社の支店の所在地における登記を廃止することとした。

3 | その他の商業登記法における支店の 所在地における登記に関する規定の改正点

　支店所在地における登記の規定の廃止に伴い、商業登記法48条ないし50条が削除されたこと以外に下記の規定が改正された。

改正された条文	改正の内容
商業登記法7条の2 （登記簿等の持出禁止）	17条3項の「会社の支店の所在地においてする登記の申請書には、その支店をも記載しなければならない。」が支店の所在地における登記が廃止されたことにより、削除され、同条4項が3項に繰り上げられたことに伴い、該当箇所を改正
商業登記法11条の2 （附属書類の閲覧）	同上
商業登記法15条 （嘱託による登記）	会社の支店所在地における嘱託による登記の申請に関する規定の削除に伴い、会社の支店所在地における登記の申請に関する規定を準用する旨の規定を削除
商業登記法17条3項 （登記申請の方式）	上記7条の2の改正の内容に記載のとおり
商業登記法18条 （申請書の添付書面）	上記7条の2の改正の内容と同様に、該当箇所を改正
商業登記法82条 （合併の登記）	支店所在地における登記が廃止されたことにより、本店と支店所在地における登記の申請として区別することがなくなったことにより、「本店の所在地における」という文言を削除する改正
商業登記法87条 （会社分割の登記）	同上
商業登記法91条 （同時申請）	同上

商業登記法 95 条 （準用規定）	持分会社においても株式会社の支店の所在地における登記の規定が準用されているので、支店の所在地における登記に関する規定の削除に伴い、該当する部分を削除
商業登記法 111 条 （準用規定）	同上
商業登記法 118 条 （準用規定）	同上
商業登記法 138 条 （職権抹消）	職権による登記の抹消手続きの規定について、支店所在地における登記の廃止に伴い、支店の所在地における規定が不要となったことにより削除

4 ｜実務上の留意点

　会社法改正後においても、本店所在地における登記については、支店の所在場所は登記事項であるので（会 911 ③三）、支店に関する登記事項がなくなったわけではない。

　支店所在場所が移転した場合等、登記事項に変更があった場合は、その登記申請は必要であることに変わりはない。

5 ｜施行日等

⑴　経過措置

　本改正については、経過措置は設けられていないので、施行と同時に、支店所在地における登記は廃止されることになる。

⑵　施行日

　改正会社法及び改正商業登記法のいずれも、令和 4 年 9 月 1 日である（改正法附則 1 ただし書、整備法附則三令和 3 年政令三三四）。

第6節 成年後見制度の 欠格事由の 見直し

1 成年後見制度の欠格事由の見直しに関する 改正の背景

　成年後見制度の利用の促進に関する法律（平成28年法律第29号）に基づいて平成29年3月24日に閣議決定された「成年後見制度利用促進基本計画」及び「成年被後見人等の権利の制限に係る措置の見直しに関する業務の基本方針について」において、欠格条項が数多く存在していることが成年後見制度の利用を躊躇させる要因の1つとなっているとの指摘を受け、「成年被後見人等の権利の制限に係る措置の適正化等を図るための関係法律の整備に関する法律」（令和元年法律第37号）が制定された。

　また、内閣府に設置された成年後見制度利用促進委員会からの要請により、法制審議会会社法制（企業統治等関係）部会において議論を行った上、会社法の改正案には、欠格条項の見直しに関する規定も併せて盛り込む方向で検討を進めることが求められたことなどにより、取締役、監査役、執行役、清算人、設立時取締役又は設立時監査役（以下「取締役等」という。）の欠格事由から成年被後見人及び被保佐人（以下「被後見人等」という。）であることが削除され、成年被後見人等が取締役等に就任する場合に関する定めが設けられた。

2 取締役等の欠格条項の削除に関する 改正の概要

(1) 成年被後見人が取締役等に就任する場合に関する改正の概要

　成年被後見人（以下「被後見人」という。）が取締役等に就任するには、その成年後見人（以下「後見人」という。）が、被後見人の同意（後見監督人がある場合にあっては、被後見人及び後見監督人の同意。）を得た上で、被後見人に

代わって就任の承諾をしなければならない（改正法331の2①、335①、402④、478⑧）。この場合において、被後見人自身による就任の承諾又は後見人が被後見人の同意を得ないでした就任の承諾は、初めから無効であることを前提としている（竹林俊憲編著『一問一答・令和元年改正会社法』254頁（商事法務、2020））。

　また、被後見人がした取締役等の資格に基づく行為は、行為能力の制限によっては取り消すことができない（改正法331の2④）。

⑵　被保佐人が取締役等に就任する場合に関する改正の概要

　被保佐人が取締役等に就任するには、その保佐人の同意を得なければならない（改正法331の2②）。この場合、被保佐人が保佐人の同意を得ないでした就任の承諾は、初めから無効であることを前提としている。

　保佐人が、民法876条の4、1項の代理権を付与する旨の審判を受けている場合には、被後見人の場合と同様に、被保佐人に代わって保佐人が就任の承諾をしなければならない（改正法331の2③）。

　また、被保佐人がした取締役等の資格に基づく行為は、行為能力の制限によっては取り消すことができない（改正法331の2④）。

⑶　現に取締役等である者が被後見人や被保佐人となった場合

　現に取締役等に就任している者が、後見開始の審判を受けた場合には、民法上の委任の終了事由（民653三）に該当することから、その地位を失うことになる。

　一方、現に取締役等に就任している者が、保佐開始の審判を受けた場合には、委任の終了事由とならないため、引き続きその地位に留まることになる。

3 ｜ 被後見人が取締役等に就任するための手続

⑴　選任の方法

　被後見人を取締役等に選任する方法については、特段の定めは設けられていない。このため、これまでどおり取締役及び監査役については株主総会の決議（会329①）、執行役については取締役会の決議（会402②）、清算人に

ついては会社法 478 条 1 項の規定により、設立時取締役及び設立時監査役については定款（会 38 ④）、発起人の議決権の過半数の決定（会 40 ①）又は創立総会の決議（会 88 ①）により選任することとなる。

⑵　就任承諾の方法

　民法の規定により、被後見人の行為は取り消すことができるが、株式会社と第三者との間での取引の安全を図るため、被後見人の取締役等への就任を取り消すことができるとすることは、法的安定性を著しく害するため相当ではなく、確定的に就任承諾の効果が生じる方法によることが求められる。

　また、後見人は、被後見人の財産に関する法律行為について、包括的な代理権を有するが、当該法律行為により被後見人の行為を目的とする債務を生ずべき場合には、被後見人の同意を要すること（民 859 ②が準用する民 824 ただし書）とされており、また、後見人が、被後見人に代わって民法 13 条 1 項各号に掲げる行為をするには、後見監督人があるときは、その同意を得なければならないこととされている（民 864）。

　そこで、改正会社法においては、後見人が、被後見人の同意（後見監督人がある場合には、被後見人及び後見監督人の同意）を得た上で、取締役等への就任承諾をしなければならないこととしており、改正会社法の規定によらないでした就任の承諾は、初めから無効であることを前提としており、取り消すことはできない（竹林俊憲編著『一問一答・令和元年改正会社法』254 頁（商事法務、2020））と解されている。

　従って、取締役等に就任予定の被後見人が、植物状態等により意思能力を欠く場合には、その同意を得ることができないため、取締役等に就任することはできない。

4 ｜ 被保佐人が取締役等に 就任するための手続

⑴　選任の方法

　被保佐人を取締役等に選任する方法についても、特段の定めは設けられていないため、被後見人の場合と同じくこれまでどおりの方法により選任することとなる。

(2)　就任承諾の方法

　被後見人とは異なり、被保佐人は、民法13条1項により同項各号の行為を行うには、保佐人の同意を得なければならないこととされていることから、改正会社法では、被保佐人が取締役等に就任するには、保佐人の同意を得なければならないこととされた（改正法331の2②）。

　被保佐人が、保佐人の同意を得ずにした行為は、民法の規定により取り消すことができるが、株式会社と第三者との間での取引の安全を図るため、被保佐人の取締役等への就任の承諾を、行為能力の制限を理由として取り消すことができるとすることは相当ではない。

　そのため、改正法の規定によらずにされた被保佐人による取締役等への就任承諾は、初めから無効であることを前提としており、当該就任承諾を行為能力の制限を理由として取り消すことはできない（竹林俊憲編著『一問一答・令和元年改正会社法』254頁（商事法務、2020））。

　被保佐人が取締役等に就任することを承諾することつき、保佐人が民法876条の4、1項の代理権付与の審判を受けている場合には、3(2)と同様に、保佐人が被保佐人の同意を得て、被保佐人に代わって就任承諾しなければならない（改正法331の2③）。この場合、保佐監督人がある場合でも保佐人の同意だけで足りる。

5 ｜被後見人等が取締役等に就任する場合の登記

(1)　概説

　被後見人等が取締役に就任する場合には、通常の取締役等の就任の場合と同じく、2週間以内に、その本店の所在地において、変更の登記をしなければならない（会915①）。

(2)　登記の事由

　取締役等に就任した旨を登記する必要がある（会911③十三、十七、二十二ロ、928①一）。

(3)　登記すべき事項

　「取締役等の氏名」及び「就任年月日」

⑷　添付書面

ア　取締役等の選任を証する書面

① 　株主総会議事録（取締役、監査役、清算人の場合）（商登46②）

② 　取締役会議事録（執行役の場合）（商登46②）

　　定款の定めにより株主総会で執行役を選任した場合には、定款及び株主総会議事録（商登規61①、商登46②）

③ 　定款、発起人の過半数の一致を証する書面若しくは創立総会議事録（設立時取締役及び設立時監査役の場合）（商登47②一、九、③）

イ　株主の氏名又は名称、住所及び議決権数等を証する書面（株主リスト）（取締役、監査役、株主総会で選任された清算人の場合）（商登規61③）

ウ　就任承諾書（商登47②十、54①、73②）

① 　後見人が被後見人に代わり就任承諾する場合には、後見人作成の就任承諾書

② 　被保佐人が就任承諾する場合には被保佐人作成の就任承諾書

③ 　保佐人が被保佐人に代わり就任承諾する場合には、保佐人作成の就任承諾書

エ　印鑑証明書（非取締役会設置会社において、設立時取締役及び取締役に就任（再任を除く）する場合）（商登規61④）

① 　後見人が被後見人に代わり就任承諾する場合には、後見人の市町村長発行の印鑑証明書

② 　被保佐人が就任承諾する場合には被保佐人の市町村長発行の印鑑証明書

③ 　保佐人が被保佐人に代わり就任承諾する場合には、保佐人の市町村長発行の印鑑証明書

【記載例】就任承諾書（被後見人が就任する場合）

> 就任承諾書
>
> 　令和○年○月○日開催の貴社株主総会において、○○は貴社取締役に選任されましたので、その就任を承諾します。
>
> 　令和○年○月○日
> 　○県○市○町○丁目○番○号（被後見人の住所）
> 　○○（被後見人の氏名）
> 　○県○市○町○丁目○番○号
> ○○成年後見人　　□□　印
> 　○○株式会社　御中

※①若しくは③の場合において、弁護士や司法書士が後見人等に就任している場合で、弁護士や司法書士の事務所が住所として後見登記事項証明書に記載されている場合には、弁護士会、司法書士会等の発行する登録事項証明書も必要となると考えられる。

オ　本人確認証証明書（取締役会設置会社において取締役、監査役及び執行役に就任（再任を除く）する場合）（商登規61 ⑦）

① 　後見人が被後見人に代わり就任承諾する場合には、被後見人の本人確認証明書

② 　被保佐人が就任承諾する場合には被保佐人の本人確認証明書

※被後見人等にかかる登記事項証明書は、被後見人等の本人確認証明書を兼ねることができる（令和3年1月29日民商第14号）。

カ　登記事項証明書（商登54 ①）

① 　後見人が被後見人に代わり就任承諾する場合には、成年後見登記事項証明書

② 　保佐人が被保佐人に代わり就任承諾する場合には、保佐登記事項証明書又は代理権を付与する旨の審判にかかる審判書

キ　同意書（商登54 ①）

① 　後見人が被後見人に代わり就任承諾する場合には、被後見人（及び後見監督人）の同意書

② 　被保佐人が就任承諾する場合には保佐人の同意書

③ 　保佐人が被保佐人に代わり就任承諾する場合には、被保佐人の同意書

【記載例】同意書（被後見人が就任する場合）

同 意 書

　私は、令和○年○月○日開催の○○株式会社の株主総会において、同社の取締役に選任されましたので、成年後見人である○○が私に代わり取締役への就任承諾をすることに同意します。

令和○年○月○日

○県○市○町○丁目○番○号

○○　印

ク　委任状（商登18）

(5)　登録免許税

　取締役等の変更登記については、10,000円である。ただし、資本金の額が1億円超の会社については30,000円（登録免許税法別表1二四㈹）。

【記載例】登記申請書（被後見人が非取締役会設置会社の取締役に就任する場合）

株式会社役員変更登記申請書

1．会社法人等番号　　○○○○-○○-○○○○○○

　　フリガナ　　　　　ニッシレンショウジ

1．商　号　　　　　　日司連商事株式会社

1．本　店　　　　　　東京都新宿区四谷本塩町4番37号

1．登記の事由　　　　取締役の変更

1．登記すべき事項　　別紙のとおり

1．登録免許税　　　　金10,000円

1．添付書類

株主総会議事録	1通
株主の氏名又は名称、住所及び議決権数等を証する書面（株主リスト）	1通
就任承諾書	1通
印鑑証明書	1通
登記事項証明書	1通
同意書	1通
委任状	1通

上記のとおり登記の申請をする。

令和○○年○○月○○日

　　　東京都新宿区四谷本塩町 4 番 37 号
　　　申請人　　　日司連商事株式会社
　　　東京都新宿区四谷本塩町 4 番 37 号
　　　代表取締役　　　日司連　一郎
　　　東京都新宿区四谷本塩町 4 番 37 号
　　　上記代理人　　　司法書士　司法　太郎　　㊞
　　　（電話番号　　○○○－○○○－○○○○）

東京法務局新宿出張所　御中

【記載例】登記申請登記申請書（被保佐人が就任承諾して取締役会設置会社の
　　　　　取締役に就任する場合）

株式会社役員変更登記申請書
1．会社法人等番号　　　○○○○‑○○‑○○○○○○
　　フリガナ　　　　　　ニッシレンショウジ
1．商　　号　　　　　　日司連商事株式会社
1．本　　店　　　　　　東京都新宿区四谷本塩町 4 番 37 号
1．登記の事由　　　　　取締役の変更
1．登記すべき事項　　　別紙のとおり
1．登録免許税　　　　　金 10,000 円
1．添付書類

株主総会議事録	1 通
株主の氏名又は名称、住所及び	
議決権数等を証する書面（株主リスト）	1 通
就任承諾書	1 通
本人確認証明書	1 通
同意書	1 通
委任状	1 通

上記のとおり登記の申請をする。

令和○○年○○月○○日

　　　東京都新宿区四谷本塩町 4 番 37 号
　　　申請人　　　日司連商事株式会社
　　　東京都新宿区四谷本塩町 4 番 37 号
　　　代表取締役　　　日司連　一郎
　　　東京都新宿区四谷本塩町 4 番 37 号
　　　上記代理人　　司法書士　司法　太郎　　㊞
　　　（電話番号　　○○○ – ○○○ – ○○○○）

東京法務局新宿出張所　御中

【記載例】登記すべき事項（新たに取締役に就任した場合）

「役員に関する事項」
「資格」取締役
「氏名」後見太郎
「原因年月日」令和○○年○○月○○日就任

---

6 ｜ 被後見人等がした取締役等の　資格に基づく行為

　制限行為能力者が代理人としてした行為は、行為能力の制限によっては取り消すことができない（民 102）とされているため、後見人等が株式会社の取締役等として行った対外的な行為については、相手方は保護されると考え得るが、それ以外の取締役等としての職務の執行については解釈上疑義があることから、法的安定性や取引の安全を害するおそれがある。

　他方で、取締役等の職務の執行については、その効果が株式会社に帰属するため被後見人等の保護を目的として取消しを認める必要性も乏しいことから、被後見人等がした取締役等の資格に基づく行為は取り消すことができな

いこととされた。

　ここでいう取締役の資格に基づく行為とは、取締役と株式会社との関係に基づく行為をいい、例えば取締役会における議決権の行使や、株式会社の業務の執行等、取締役等としての職務の執行が広く含まれる（竹林俊憲編著『一問一答・令和元年改正会法』261頁（商事法務、2020））。

7 | 被後見人等が取締役等を辞任する場合

(1)　被後見人の場合

　被後見人等が取締役等を辞任する場合においては、改正会社法において民法の特則を設けていない。このため、被後見人が取締役等を辞任する場合には、被後見人が自ら辞任の意思表示をする方法又は、後見人が被後見人に代わり辞任の意思表示をする方法によることとなる（令和3年1月29日民商第14号）。

　但し、被後見人がした意思表示は取り消すことができるため、辞任の意思を確定的に生じさせるためには、後見人が意思表示をすることが必要となると考えられる（竹林俊憲編著『一問一答・令和元年改正会法』252頁（商事法務、2020））。

　なお、当該被後見人が登記所に印鑑を提出している場合、若しくは印鑑を提出している者がいない会社の代表者である場合には、辞任届に実印を捺印し、捺印した者の市町村長発行の印鑑証明書を添付しなければならない。但し、辞任届に捺印した印鑑が、被後見人が登記所に提出した印鑑と同一である場合を除く（商登規61⑧）。

(2)　被保佐人の場合

　被保佐人が取締役等を辞任する場合には、被保佐人が自ら辞任の意思表示をする方法によることとなる（令和3年1月29日民商第14号）。

　なお、当該被保佐人が登記所に印鑑を提出している場合、若しくは印鑑を提出している者がいない会社の代表者である場合には、辞任届に実印を捺印し、被保佐人の市町村長発行の印鑑証明書を添付しなければならない。但し、辞任届に捺印した印鑑が、被保佐人が登記所に提出した印鑑と同一である場合を除く（商登規61⑧）。

8 施行日

　成年後見制度の欠格事由の見直しに関する改正の施行日は、令和3年3月1日である。

第7節　印鑑提出義務の廃止

1　印鑑提出制度の概要

(1)　印鑑の提出

改正前商業登記法 20 条 1 項では、法人登記の申請書に押印すべき者は、あらかじめ、その印鑑を登記所に提出しなければならない。改印したときも、同様とする。として、法務局へ印鑑の提出をすることを法人に義務付けていた。

また、印鑑の提出は、当該印鑑を明らかにした書面をもってしなければならないとされていた（商登規 9 ①）。

(2)　印鑑提出の意義

登記の申請は、書面でしなければならないとされ、その申請書には、法定の事項を記載し、申請人又はその代表者（当該代表者が法人である場合にあっては、その職務を行うべき者）若しくは代理人が記名押印しなければならないとされている（商登 17 ①②）。ただし、情報通信技術を活用した行政の推進等に関する法律 6 条 1 項の規定により、同項に規定する電子情報処理組織を使用する方法によって、登記の申請をすることができる（オンライン登記申請）（商登規 101 ①）。

そして、前記のとおり、法人登記の申請書に押印すべき者は、あらかじめ、その印鑑を登記所に提出しなければならないとされていた（改正前商登 20 ①）。

この印鑑提出の意義は、登記の申請書に押印すべき者の印鑑をあらかじめ登記所に提出させておくことで、その印鑑の提出者から登記の申請がなされたときに、その登記の申請書に押印された印鑑と登記所に提出されている印鑑の印影を照合することで、登記の申請人が申請権限のあるものであるかど

うかの確認ができることにある。

　また、印鑑の登記所への提出は、「登記所に提出した印鑑と同一の印鑑を申請書（改正前商登法17①②・20①）やその添付書面である代理人の権限を証する書面（同法18・20②）に押印させることにより、会社の代表者等としての登記申請意思を確認する権能を有している。」（宮崎拓也ほか「改正商業登記法の解説」28頁（登記情報700号）と言われていた。

　なお、申請の権限を有しない者の申請によるときは、登記官は理由を付した決定で、登記の申請を却下しなければならないとされている（商登24①）ことから、登記の申請において、印鑑の提出の意味は大きいとされていた。

　その他、取締役会議事録等にあらかじめ提出した印鑑を押印することで、取締役、監査役の個人の印鑑証明書が添付不要となる（商登規61⑥⑧）ことにより、添付書面の軽減となることや、会社の印鑑証明書を登記所で発行することができることから、会社の取引の便宜を図ることに資することになること等が、印鑑を登記所に提出する効果として挙げられる。

2 | 印鑑の提出の任意化

(1) 商業登記法改正の経緯

　改正前商業登記法では、法人がオンラインによる登記申請をしていたとしても、印鑑の提出の義務付けがあることには変わりなく、前述のとおり、印鑑の提出は書面でしなければならないとされていた。

　オンラインによる登記申請の場合は、書面の登記申請書ではなく、申請情報を送信し、そこに電子署名をすることとなっており、登記所は、その電子署名された電子証明書により申請人の申請権限を確認することになる。

　そうすると、印鑑提出の意義が、登記所による登記の申請人が申請権限のあるものであるかどうかの確認にあるとするならば、もはや印鑑の印影の照合により確認していないオンラインによる登記申請の場合は、印鑑の提出を義務付ける必要性に乏しいのではないかと考えられた。

　平成29年に立ち上げられた法人設立手続オンライン・ワンストップ化検討会においては、「設立登記のオンライン申請の場合においては、申請情報に押印に代えて電子署名を行い、申請権限を有する者であることを確認するためにその者の個人用電子証明書を添付しなければならないこととされてい

ることから、設立登記の申請書に押印する必要がないにも関わらず、これに加えて別途、会社代表者の印鑑を印鑑届書に押印して、登記所に書面で持参又は郵送により提出する必要があるため、設立登記の完全オンライン化が実現できない原因となっている。」（平成30年5月法人設立オンライン・ワンストップ化検討会資料）と指摘され、その後の平成30年6月15日付閣議決定により、印鑑提出の任意化を進めることになった。

未来投資戦略2018（平成30年6月15日閣議決定）51頁
法人向けワンストップサービスの実現（抜粋）
　法人設立登記における印鑑届出の任意化の平成32年度中の実現に向けて、法務省は来年中の商業登記法改正に向けて取り組むとともに、商業登記電子証明書の普及促進も含めて、システム改修等の実施に必要な準備を進める。

⑵　商業登記法改正による印鑑提出の任意化

　上記⑴の経緯を受けて、法人に対して一律に登記所へ印鑑の提出する義務を廃止するために、商業登記法20条が削除された。

　しかし、あくまで印鑑提出の任意化であるので、従来どおり、印鑑届出書を登記所へ提出することで、法人の印鑑の提出は可能である。また、法人設立時にオンラインで登記申請を行った場合であっても、後日、登記所に対して印鑑を提出することは可能である。

　ただし、書面により登記申請をする場合は、その前提として、印鑑の提出は必要である。

3 ｜ 印鑑提出の任意化による
商業登記規則の改正（令3.1.29民商10号）

　印鑑提出の任意化により、商業登記規則も改正され、印鑑の提出がない場合についても規定されることとなった。

⑴　概要

　改正前商業登記法20条により、登記の申請人に印鑑の提出義務を課していたところ、改正により本規定が削除されるとともに、一律に印鑑の提出又

は登記所において作成した印鑑の証明書の添付を求める規定及び印鑑の提出を前提とした申請の却下規定も削除された。

これに伴い、改正商業登記規則では、申請書に押印すべき印鑑に関する規定が置かれたほか、今後は、登記所に印鑑が提出されていない法人が存在することが想定されることから、これを前提として、代表者の印鑑について市町村長の作成した証明書の使用に関する規定の整備がされた。

なお、登記所に印鑑を提出した者がいない場合があることから、「印鑑提出者」を「被証明者」（改正商登法12の2）、「印鑑届出事項」を「被証明事項」（改正商登規9①）に改める用語の整理がされた。

(2) 押印すべき印鑑の種類

ア 登記所届出印を押印しなければならない書面

登記の申請人又はその代表者が登記申請書に押印する場合には、登記所に提出している印鑑（以下「登記所届出印」という。）を押印しなければならないとされ、また、司法書士等代理人によって登記を申請する場合におけるその権限を証する書面（以下「代理権限証書」という。）にも、登記所届出印を押印しなければならないとされた（商登規35の2）。

これは、書面による登記申請（オンラインによる申請において代理権限証書を書面により作成し、登記所に提出又は送付した場合を含む。）については、商業登記法20条の削除後においても、引き続き、申請人には印鑑の提出義務が課され、申請書又は代理権限証書に登記所届出印の押印を求める従前の取扱を維持するものである。

そして、登記申請書に押印された印鑑が登記所届出印と異なるときは、その申請は却下されることになり（改正商登法24六）、代理権限証書に押印された印鑑が登記所届出印と異なるときも同様であるとされた（改正商登法24七）。

イ 印鑑を提出している場合には登記所届出印を押印すべき書面

① 登記所に提出する印鑑を明らかにする書面（印鑑届書）

印鑑を提出する者（後見人である法人の代表者、会社の代表者が法人である場合における当該会社の代表者の職務を行うべき者、管財人等が法人である場合において当該管財人等の職務を行うべき者として指名された者）が登記所に印鑑を提出している場合には、従前と同様に、その者の登記所届出印を印鑑届書に押印しなければならない（改正商登規9①）。登記所

に印鑑を提出していない場合には、印鑑届書に押印した印鑑につき市町村長の作成した証明書で作成後3月以内のものを添付しなければならないとされた（改正商登規9⑤ニロ、四ロ、六ロ）。

② 支配人又は代表者若しくは管財人等の職務を行うべき者の印鑑に相違ないことを保証した書面（保証書）

　法人の代表者が登記所に印鑑を提出している場合には、従前と同様に、その者の登記所届出印を保証書に押印しなければならない（改正商登規9⑤三イ、五イ、七イ）。登記所に印鑑を提出していない場合には、保証書に押印した印鑑につき市町村長の作成した証明書で作成後3月以内のものを添付しなければならないとされた（改正商登規9⑤三ロ、五ロ、七ロ）。

③ 管財人等の職務を行うべき者として指名された者であって印鑑の提出をしたものがその資格を喪失した旨の届出書

　管財人等である法人の代表者（当該代表者が法人である場合にあっては、当該代表者の職務を行うべき者）が登記所に印鑑を提出している場合には、従前と同様に、その者の登記所届出印を届出書に押印しなければならない。登記所に印鑑を提出していない場合には、当該書面に押印した印鑑につき市町村長の作成した証明書で作成後3月以内のものを添付しなければならないとされた（改正商登規9⑩）。

ウ　登記所届出印の押印又は押印した印鑑につき市町村長の作成した証明書の添付が必要な書面

① 商業登記法30条2項及び31条2項に規定する商号や事業等の譲渡人の承諾書

　譲渡人の承諾書に押印した印鑑と当該譲渡人に係る登記所届出印とが同一であるときを除き、承諾書に押印した印鑑につき市町村長の作成した証明書を添付しなければならないとされた（改正商登規52の2）。

② 代表取締役等に係る辞任を証する書面

　代表取締役若しくは代表執行役又は取締役若しくは執行役（以下「代表取締役等」という。）であって、印鑑を提出している者の辞任による変更の登記の申請書には、当該代表取締役等が辞任したことを証する書面に押印した印鑑と当該代表取締役等に係る登記所届出印とが同一であるときを除き、当該印鑑につき市町村長作成の証明書を添付しなければならないとされていた。

改正商業登記規則施行後においても、登記所に印鑑を提出した者がある場合にあっては、その取扱に変更はないが、全ての代表取締役等が登記所に印鑑を提出していない会社の代表取締役等が辞任する場合には、当該会社の代表取締役等が辞任したことを証する書面に押印した印鑑につき市町村長の作成した証明書を添付しなければならないこととされた（改正商登規 61 ⑧）。

4 │ その他の商業登記法における印鑑の 提出に関する規定の改正点

(1) 商業登記法 87 条（会社分割に関して）及び 91 条（株式交換及び株式 移転に関して）

改正前商業登記法 87 条 1 項は、「本店の所在地における吸収分割会社又は新設分割会社がする吸収分割又は新設分割による変更の登記の申請は、当該登記所の管轄区域内に吸収分割承継会社又は新設分割設立会社の本店がないときは、その本店の所在地を管轄する登記所を経由してしなければならない。」としており、同条 3 項においては、「第 1 項の登記の申請書には、登記所において作成した吸収分割会社又は新設分割会社の代表取締役（指名委員会等設置会社にあっては、代表執行役）の印鑑の証明書を添付しなければならない。（以下省略）」としている。

また、改正前商業登記法 91 条 1 項は、上記と同様に、「本店の所在地における株式交換完全子会社又は株式移転完全子会社がする株式交換又は株式移転による新株予約権の変更の登記の申請は、当該登記所の管轄区域内に株式交換完全親会社又は株式移転により設立する株式会社の本店がないときは、その本店の所在地を管轄する登記所を経由してしなければならない。」としており、同条 3 項においては、「第 1 項の登記の申請書には、登記所において作成した株式交換完全子会社又は株式移転完全子会社の代表取締役（指名委員会等設置会社にあっては、代表執行役）の印鑑の証明書を添付しなければならない。（以下省略）」としている。

商業登記法 20 条の削除により、「登記所の作成した印鑑の証明書の交付を受けることができない会社の存在を認めることとなるから、一律に当該書面の添付を求める上記各規定は削る必要があり、現行の登記情報システムにおいては、どの登記所からも、会社が他の登記所に提出した印鑑を確認するこ

とが可能であるから、当該規定がなくとも、登記官の審査に不都合が生じることはない。」（宮崎拓也ほか「改正商業登記法の解説」20頁（登記情報700号））と考えられる。

　そこで、改正後の商業登記法では、現行商業登記法87条及び91条いずれも、3項の印鑑の証明書を添付する旨の規定を削除した。

⑵　その他の改正点

　下記の表にもあるとおり、改正前商業登記法20条及び51条における、登記所にする印鑑の提出の規定が削除されたことから、会社設立時以外で、管轄外本店移転登記の際にも、印鑑の提出が求められていたが、これらについても印鑑の提出は任意となった。

　ただし、手続上、印鑑の照合が発生するようなときは、その前提として印鑑の提出が必要となる（宮崎拓也ほか「会社法・商業登記法の改正と今後の登記実務の展望」27頁（登記情報701号））。

　その他、商業登記法における印鑑提出の任意化に関して下記のように規定が改正された。

改正された条文	改正の内容
商業登記法12条 （印鑑証明）	商業登記法20条が削除されたことにより、条文中「第20条の規定により印鑑を登記所に提出した者…」を削除することになり、これに伴い規定ぶりを整理した
商業登記法12条の2第1項、3項、4項 （電磁的記録の作成者を示す措置の確認に必要な事項等の証明）	印鑑を登記所に提出した者に限り、商業登記電子証明書の発行の請求をすることとしていたところを、印鑑の提出がない者であっても、商業登記電子証明書の発行の請求をすることができるとされている者（支配人等）についても商業登記電子証明書の発行の請求をできるものとするため、「印鑑を提出した登記所が法務大臣の指定するものであるときは」の文言を削除し、「印鑑提出者」とあるところを「被証明者」とする等改正した

商業登記法12条の2第5項（同上）	商業登記法12条の2、1項及び3項の規定による証明書及び同条8項に規定する証明書発行の事務は、同条5項において、法務大臣の指定する登記所の登記官がすることとされており、その証明書発行の請求は、管轄登記所を経由することとされている。しかし、12条の2、1項から「印鑑を提出した登記所が法務大臣の指定するものであるときは」が削除されたことにより、12条の2、5項の「第1項の登記所を経由して」に対応する管轄法務局を示す文言がなくなったので、新たに「当事者の営業所（会社にあっては、本店）の所在地を管轄する登記所を経由してしなければならない。」として、管轄登記所を規定した
商業登記法24条4号（申請の却下）	「申請の権限を有しない者の申請によるとき。」を「申請の権限を有しない者の申請によるとき、又は申請の権限を有する者であることの証明がないとき。」と改正した
商業登記法24条7号（削除）	印鑑の提出がないとき、又は提出された印鑑の印影と、申請書等に押印された印影が異なる場合は、登記申請の却下事由となっていたが、印鑑の提出が任意化されたことにより、印鑑の照合により申請の却下を判断するとは限らなくなったので削除となった
商業登記法25条（提訴期間経過後の登記）	商業登記法24条7号の削除による形式的な改正
商業登記法51条（本店移転の登記）	商業登記法20条が削除されたことによる形式的な改正
商業登記法82条4項（合併の登記）	商業登記法20条が削除されたことによる形式的な改正

5 | 施行日

印鑑提出義務の廃止に関する改正は、令和2年2月15日に施行である。

第8節 | 登記事項証明書等における代表者の住所の表示の現状

1 | 登記事項証明書等による代表者の住所の表示の取り扱い

　株式会社の代表者の住所は登記事項であり（会911③十四、二十三ハ）、その登記された内容は、当該株式会社の登記がされている管轄の登記所においては言うまでもないが、管轄の登記所以外であっても、誰でも手数料を納付して、登記事項証明書の交付を請求することで確認することができる（商登10①）。

　この登記事項証明書得は、法務局の窓口又は郵送で交付請求し、受領することができ、インターネットを利用したオンラインによる交付請求による窓口又は郵送での受領も可能である。

　また、電気通信回線による登記情報の提供に関する法律に基づくインターネットによる登記情報提供サービスを利用することで、証明書ではないものの、登記事項証明書と同様に株式会社の代表者の住所を確認することができる。

2 | 株式会社の代表者の住所の登記事項についての検討

　株式会社の代表者の住所が登記事項とされていることについて、法制審議会会社法制（企業統治等関係）部会においては、株式会社の代表者の住所を登記事項から削除し、又はその閲覧を制限することが、個人情報保護の観点から妥当ではないかという指摘がされていた。しかし、代表者の住所については、代表者を特定するための情報として重要であることや、法人に事務所又は営業所がない場合に、民事訴訟法上の裁判管轄の決定及び送達の際に重要な役割を果たすこと（民訴4④・103①）等の意義が認められるとされてい

た。

　そこで、会社法制（企業統治等関係）の見直しに関する中間試案第3の5において、「登記簿に記載されている事項（株式会社の代表取締役又は代表執行役の住所を除く。）が記載された登記事項証明書については、何人も、その交付を請求することができるものとし、当該住所が記載された登記事項証明書については、当該住所の確認について利害関係を有する者に限り、その交付を請求することができるものとする。」とした。

　しかし、今回の法改正においては、これらの見直しは見送られ、法制審議会会社法制（企業統治等関係）部会において、下記のような付帯決議がなされるに至った。

　株式会社の代表者の住所が記載された登記事項証明書に関する規律については、これまでの議論及び当該登記事項証明書の利用に係る現状等に照らし、法務省令において、以下のような規律を設ける必要がある。

⑴　株式会社の代表者から、自己が配偶者からの暴力の防止及び被害者の保護等に関する法律第1条第2項に規定する被害者その他の特定の法律に規定する被害者等※であり、更なる被害を受けるおそれがあることを理由として、その住所を登記事項証明書に表示しない措置を講ずることを求める旨の申出があった場合において、当該申出を相当と認めるときは、登記官は、当該代表者の住所を登記事項証明書に表示しない措置を講ずることができるものとする。

⑵　電気通信回線による登記情報の提供に関する法律に基づく登記情報の提供においては、株式会社の代表者の住所に関する情報を提供しないものとする。

※「配偶者からの暴力の防止及び被害者の保護等に関する法律第1条第2項に規定する被害者その他の特定の法律に規定する被害者等」は、

　①　配偶者暴力防止法1条2項に規定する被害者であり、かつ、暴力によりその生命又は身体に危害を受けるおそれがあるものに加え、

　②　ストーカー規制法7条に規定するストーカー行為等の被害者であり、かつ、更に反復してつきまとい等をされるおそれがあるもの、

　③　児童虐待防止法2条に規定する児童虐待を受けた児童である被害者であり、かつ、再び児童虐待を受けるおそれがあるもの又は監護等を受け

ることに支障が生じるおそれがあるもの、

④　その他(1)から(3)までに掲げるものに準ずるもの

とされている。

　なお、不動産登記においては、既に類似の制度が採用されており、配偶者からの暴力の防止及び被害者の保護等に関する法律1条2項に規定する被害者等が登記権利者又は義務者となる場合について、当該者の住民票上の現住所と異なる住所（前住所や前々住所等）を表示して登記申請をすることができる場合があるとされている（平25.12.12民二809号、平27.3.31民二196号）。

3 | 規律を設ける時期

　上記の規律の設置については、「改正会社法の交付の日から起算して3年6か月を超えない範囲内の適切な時期に、法務省令を改正することが予定されている」（竹林俊憲編著『一問一答・令和元年改正会社法』271頁（商事法務、2020））とされている。

4 | 規律を設けられた後の実務対応

　株式会社の代表者の住所を登記事項証明書に表示しない措置がとられ、インターネットによる登記情報提供制度においても同様の措置がとられた場合は、上記1のように、代表者の住所を誰でも確認することができなくなる。

　会社についての信用調査の方法の一つとして、代表者の住所地を調査することがある。一般的に、中小企業であると、代表者の個人の資産状況が会社の信用を左右することが多く、会社の登記事項証明書に記載されている代表者の住所地の不動産の登記事項証明書を取得することで、信用調査を行うことが考えられる。

　例えば、会社の登記事項証明書に記載されている代表者の住所が、代表者個人が所有している不動産であった場合に、その不動産に設定されている根抵当権の極度額の金額により、おおよその資産価値の確認ができたり、差押え登記や債権者の保証会社による代位弁済の登記がされていないかどうかを確認することで、債務の支払い状況が正常であるかどうかを知ることができ

る。

　これらの情報が入手できることで、会社間で新しく取引を始めようとする場合や、取引中においては、今後の取引の継続の可否を検討する場合の判断の材料となる。

　しかし、上記のような措置がとられた場合は、このような信用調査を行うことができなくなり、ただでさえ、閉鎖的であり、情報を入手しにくい中小零細企業との取引を行うにあたり、慎重にならざるをえないことが危惧される。

　また、法人その他の社団又は財団の普通裁判籍は、その主たる事務所又は営業所により、事務所又は営業所がないときは代表者その他の主たる業務担当者の住所により定まる（民訴4④）。とされていることから、代表者の住所を登記事項証明書から知ることができなければ、裁判管轄の決定や送達が困難となってしまう。

　このような場合に、代表者の住所を調べるためには、商業登記簿の附属書類の閲覧請求を行い、確認することが考えられる。この場合には、必要事項及び閲覧しようとする部分を記載した申請書に、その閲覧しようとする部分について利害関係を明らかにする事由も記載した上で、その利害関係を証する書面も添付しなければならない（商登規21）。

　この「利害関係」については、「事実上の利害関係では足りず、法律上の利害関係を有することが必要であると考えられる。もっとも、具体的にいかなる範囲で『利害関係』が認められるかについては、代表者のプライバシーの保護の要請と代表者の住所が記載された登記事項証明書の交付を受ける必要性を考慮して総合的に検討すべきであり、例えば、株式会社の債権者がその債権を行使するに際して当該住所を確認する必要がある場合においては、『利害関係』を認めることができると考えられるが、なお検討する必要がある。」（会社法制（企業統治等関係）の見直しに関する中間試案の補足説明71頁）とされている。

　なお、上記のような規律が設けられたとしても、会社法911条3項14号及び23号ハが改正されるわけではないので、株式会社の代表者の住所は登記すべき事項のままである。よって、その住所に変更があった場合は、その変更から2週間以内に代表者の住所に関する変更登記の申請をする必要がある。

第4章

株主総会に関する
規律の見直し

株主提案権

1 | 株主提案権に関する 改正の概要

(1) 株主提案権の制度

会社法は、一定の要件のもとで、株主が株主総会の議題や議案を提案する権利として、会社法303条の議題提案権、同法304条の議案提案権、同法305条の議案要領通知請求権による株主提案権を認めている。議題と議案の区別については、会社法において規定されておらず、解釈問題となっている。例えば、誰を取締役その他の役員に選任するかということは、議題ではなく、議案の問題であると解されている（田中亘『会社法〔第2版〕』163頁（東京大学出版会、2018））。一方で役員の解任の場合は、特定の誰かを解任することが議題の内容をなすと一般的には解されている（岩原紳作編『会社法コンメンタール7－機関(1)』86頁（青竹正一）（商事法務、2013））。また、株主総会の目的事項（会298①二）は、議題を意味するものであるとされていることから、取締役会設置会社における株主総会の招集通知には議題を記載・記録しなければならない。

会社法303条の議題提案権は、一定の要件を満たす株主（後掲の表参照）が、取締役に対し、一定の事項（当該株主が議決権を行使することができる事項に限る）を株主総会の目的（議題）とすることを請求することができるとするものである。会社法304条の議案提案権は、株主（後掲の表のような要件はない）が、株主総会の議場において株主総会の目的である事項（当該株主が議決権を行使することができる事項に限る）につき議案を提出すること（いわゆる動議の提出）ができるとするものである。また、会社法305条の議案要領通知請求権は、一定の要件を満たす株主（後掲の表参照）が、株主総会の目的である事項（当該株主が議決権を行使することができる事項に限る）につき当該株主が提出しようとする議案の要領を株主に通知すること（書面又は

電磁的方法により株主総会の招集の通知をする場合には、その通知に記載し、又は記録すること）を請求することができるとするものである。

【議題提案権（会303）及び議案要領通知請求権（会305）を行使できる株主の要件】

	取締役会設置会社	取締役会非設置会社
公開会社	総株主の議決権の100分の1（定款で軽減可能）以上の議決権又は300個（定款で軽減可能）以上の議決権を6か月（定款で短縮可能）前から引き続き有する株主（会303②、305①）	各株主（会303②、305①）
株式譲渡制限会社	総株主の議決権の100分の1（定款で軽減可能）以上の議決権又は300個（定款で軽減可能）以上の議決権を有する株主（会303③、305②）	

⑵　株主提案権に関する改正の概要

　株主提案権の制度は、昭和56年の商法改正によって、株主が自らの意思を株主総会に訴えることができる権利を保障することによって、株主総会をより開かれたものにする目的で導入されたが、近年、一人の株主によって膨大な数の議案が提出されたり、会社を困惑させる目的で議案が提出されるなど、株主提案権が濫用的に行使される事例がみられるようになった。株主提案権が濫用的に行使されると、それによって株主総会における審議の時間などが無駄に割かれ、株主総会の意思決定機関としての機能が害されたり、会社における検討や招集通知の印刷等に要するコストが増加することなどが、弊害として指摘されていたが、現行会社法には株主提案権の濫用的行使を直接制限する規定は存在しない。近年の裁判例は、株主提案権の行使が会社を困惑させる目的のためにされるなど、株主としての正当な目的を有するものでない場合等には、権利濫用として許されないとしているが（東京高判平成27年5月19日金融・商事判例1473号26頁〔HOYA事件〕）、どのような場合に株主提案権の行使が権利濫用に該当すると認められるかは必ずしも明確でなく、実務上、株主提案権が行使された場合には、会社が株主提案権の行使を権利濫用に該当すると判断することは難しいと指摘されていた（神田秀樹

「『会社法制（企業統治等関係）の見直しに関する要綱案』の解説〔Ⅱ〕」4頁（旬刊商事法務2192号））。

　そこで、改正会社法では、株主提案権の濫用的な行使を制限するための措置として、取締役会設置会社の株主が同一の株主総会において提出することができる議案の数の上限を10とする旨の改正が行われた（改正法305④⑤）。なお、取締役会を設置していない株式会社においては、株主総会が会社法に規定する事項及び株式会社の組織、運営、管理その他株式会社に関する一切の事項について決議することができること（会295①）、そもそも議題提案権の行使期限が設けられておらず（会303①）株主総会当日の議場において、新たな議題及びその議案を追加して提案することができること（会304）から、今回の改正において株主提案権の行使について制限を受けていない。今回の改正によって、株主提案権の行使が制限されるのは、取締役会設置会社のみである。

(3)　目的等による議案の提案の制限等改正が見送られた論点

　改正会社法案では、株主が議案を提出するに際し、①株主が専ら人の名誉を侵害し、人を侮辱し、若しくは困惑させ、又は自己若しくは第三者の不当な利益を図る目的で、当該議案を提出する場合、②当該議案の提出により株主総会の適切な運営が著しく妨げられ、株主の共同の利益が害されるおそれがあると認められる場合には、適用しないこととし、株式会社は、そのような株主提案を拒絶することができることとしていた。しかし、結論として、衆議院法務委員会における法案審議において、民法における権利濫用の一般法理との関係を整理すべきであるという指摘等がされ、権利の濫用に該当する株主提案権の類型について分析を深めながら、引き続き検討していくべきであるとして、前記①②記載の不当な目的等による議案の提案を制限する規定の新設に係る部分を削除する旨の修正が行われている。なお、会社法制（企業統治等関係）の見直しに関する要綱の第一部第二の2は、法制審議会会社法制（企業統治等関係）部会において、株主提案権の行使が濫用に該当するであろう典型的な場合等として取りまとめられたものであり、実務上、株主提案権の行使が権利の濫用に該当するか否かを判断するにあたり、参考となるものであるとされている（竹林俊憲ほか「令和元年改正会社法の解説〔Ⅱ〕」5頁（旬刊商事法務2223号））。しかしながら、前記②の拒絶事由については、後藤論文（後藤元「令和元年会社法改正の意義(2)『株主提案権に関する規律（と

その趣旨）の見直し』」14頁（旬刊商事法務2231号））でも言及されているとおり、「会社や提案者である株主以外の株主にとっての時間の浪費等に着目する点で権利行使者の主観的な悪性を問題とする伝統的な意味での権利濫用とは異なる性質を有するもの」であるため、提案できる議案数の制限によっては対処できないものは、権利濫用法理を適用して株主提案権を拒絶することは困難であるとの指摘もある（太田洋「令和元年会社法改正の意義(2)実務家コメント『株主提案権に関する改正と今後の株主総会』」21頁（旬刊商事法務2231号））。

　また、法制審議会会社法制（企業統治等関係）部会の議論の過程では、経済界の委員から株主提案をするための議決権要件を300個より引き上げるべき旨や株主提案の時期的制限について株主総会の日の8週間前からさらに前倒しすべき旨が要望されたが、いずれも改正には至らなかった。

【会社法制（企業統治等関係）の見直しに関する要綱の第一部第二の2】

> 2　目的等による議案提案の制限
> 　第304条及び第305条第1項から第3項までの規定は、次のいずれかに該当する場合には、適用しないものとする。
> ①　株主が専ら人の名誉を侵害し、人を侮辱し、若しくは困惑させ、又は自己若しくは第三者の不当な利益を図る目的で、第304条の規定による議案の提出又は第305条第1項の規定による請求をする場合
> ②　第304条の規定による議案の提出又は第305条第1項の規定による請求により株主総会の適切な運営が著しく妨げられ、株主の共同の利益が害されるおそれがあると認められる場合

2 | 株主が提出することができる議案の数の制限

(1) 制限の対象

　改正会社法では、取締役会設置会社の株主が議案要領通知請求（改正法305①）をする場合に、当該株主が同一の株主総会に提出することのできる議案の数の上限を10に制限することとなった。なお、前述のとおり、取締役会を設置していない株式会社においてはこの制限は適用されていない。

　議題提案権（会303）については、その提案できる議題の数を制限する等

の改正はされていない。改正前会社法上も、株主の基本的権利であるとして、実質的に同一の議案の提出の制限（会 304 ただし書・305 ④）と同様の制限が設けられていなかったことを踏まえ、株主が同一の株主総会に提案することができる議題の数を制限することは相当でないと考えられていた。また、実務上株主提案権の濫用的な行使が問題となっている株主総会参考書類を交付等しなければならない株式会社においては、株主が議題提案権を行使した場合において、議題に対応する議案の要領を追加しなかったときは、株式会社はその株主の提案を拒否することができると解されていること、議題は株主総会の目的事項であり、その性質上、株主において膨大な数の議題を提案することは想定し難いことなどを踏まえ、株主が同一の株主総会に提案することができる議題の数を制限する必要性も大きくないと考えられているからである。

　株主総会当日の議場における議案提案権（会 304）についても、その提案できる議案の数を制限する等の改正はされていない。取締役会設置会社においては、株主総会は、招集通知に記載された目的事項（つまり議題）以外の事項については、決議をすることができないこと（会 309 ⑤）や、議案の修正動議の範囲も目的事項から一般的に予見することができる範囲を超えることはできないと解されていること、議場における議案提案権の行使の態様などによっては、議長の議事整理及び秩序維持権（会 315 ①）に基づき、提出された議案や修正動議を取り上げないことができると解されていることを踏まえると、株主が議場において提出することができる議案の数を制限する必要性は大きくないと考えられているからである（竹林俊憲ほか「令和元年改正会社法の解説〔Ⅱ〕」5 頁（旬刊商事法務 2223 号））。

(2)　議案要領通知請求における制限

　改正会社法では、取締役会設置会社の株主が議案要領通知請求（会 305 ①）をする場合に、当該株主が同一の株主総会に提出することのできる議案の数の上限を 10 に制限することとし、10 を超える数に相当することとなる数の議案については、会社法 305 条 1 項～ 3 項の規定は適用しないこととしている（改正法 305 ④）。改正前会社法 305 条 4 項は、「前三項の規定は、…場合には、適用しない」と定めているところ、今般の改正では、一定の場合に株式会社が議案要領通知請求を拒絶することができることを定めていると解されていることを踏まえ、改正会社法 305 条 4 項柱書前段は、株式会社は 10

を超える数に相当することとなる数の議案については、議案要領通知請求を拒絶することができること、すなわち、議案要領通知請求の拒絶事由を定めたものであると説明されている（竹林俊憲ほか「令和元年改正会社法の解説〔Ⅱ〕」6頁（旬刊商事法務2223号））。

　取締役会設置会社の株主が議案要領通知請求（会305①）をする場合に、当該株主が同一の株主総会に提出することのできる議案の数の上限を10に制限することとなったが、10となるまでの経緯は次のとおりである。

①　中間試案

　法制審議会会社法制（企業統治関係）部会は、平成29年2月14日「会社法制（企業統治等関係）の見直しに関する中間試案（以下「中間試案」という）を取りまとめた。株主提案権において、提案することができる議案の数については、次のようにA1案、A2案、B1案、B2案と4つの試案が取りまとめられた。

【A1案】取締役会設置会社においては、会社法第305条第1項の議案の数は、5を超えることができないものとする。この場合において、役員（取締役、会計参与及び監査役をいう。）及び会計監査人（以下1において「役員等」という。）の選任に関する議案については、選任される役員等の人数にかかわらず一の議案と数えるものとし、役員等の解任に関する議案についても同様とするものとする。

【A2案】取締役会設置会社においては、会社法第305条第1項の議案（役員等の選任又は解任に関する議案を除く。）の数は、5を超えることができないものとする。

【B1案】取締役会設置会社においては、会社法第305条第1項の議案の数は、10を超えることができないものとする。この場合において、役員等の選任に関する議案については、選任される役員等の人数にかかわらず一の議案と数えるものとし、役員等の解任に関する議案についても、同様とするものとする。

【B2案】取締役会設置会社においては、会社法第305条第1項の議案（役員等の選任又は解任に関する議案を除く。）の数は、10を超えることができないものとする。

　具体的な数の上限について、上記取りまとめに至った経緯について、中間試案の補足説明では、「近年、提案数が多いとされる電力会社に対する運動型株主の提案に係る議案の数であっても、各提案株主につき多くても10程度にとどまっていることや、株主が同一の株主総会に議案を何十も提案する必要がある場合は想定しづらいことを踏まえ、株主が提案することができる議案の数を10とすることが考えられる。これに対し、部会においては、特定の株主のみからの議案の検討に株主総会における審議の時間の多くを費やすべきでないとして、株主が提案することができる議案の数を更に少ない数（例えば、1ないし3）とすべきである旨の意見も出されている。しかし、実務上、合理的と考えられる株主提案であっても議案の数が3以上となり得ることを考慮すれば、形式的に判断される議案の数の上限を3以下とすることには慎重な検討が必要であると考えられる。これらの事情を踏まえ、試案第2の1においては、株主が提案することができる議案の数の上限を5とする案（A1案及びA2案）及び10とする案（B1案及びB2案）を掲げている。」と解説されている。

②　パブリックコメント

　法務省民事局参事官室において、今後の審議の参考とするため、中間試案を公表し、平成30年2月28日から4月13日までの間、パブリックコメントを実施するとともに、裁判所、弁護士会、大学、経済団体等に対して個別の意見照会を行った。中間試案に対する各界意見の結果として「本文について、賛否が分かれたが、団体からの意見は、A1に賛成する意見とB2案に賛成する意見が比較的多かった。もっとも、そもそも株主が提案することができる議案の数の制限を設けること自体に反対する意見、提案することができる議案の数を5未満（1ないし3）とすべきであるという意見もあった。なお、個人からの意見としては、株主が提案することができる議案の数の制限を設けること自体に反対する意見が圧倒的多数であった」等の意見結果が示された（竹林俊憲ほか「『会社法制（企業統治関係）の見直しに関する中間試案』に対する各界意見の分析〔上〕」12頁（旬刊商事法務2169号））。

③　要綱

　法制審議会会社法制（企業統治関係）部会において、上記意見を踏まえ、引続き調査審議が行われ、要綱案と附帯決議が行われた。その後、平成31

年2月14日に開催された法制審議会の第183回会議において、法制審議会会社法制（企業統治関係）部会の「会社法制（企業統治等関係）の見直しに関する要綱案（以下「要綱案」という）」が承認され、要綱となって法務大臣に答申された。会社法制（企業統治等関係）の見直しに関する要綱の第一部第二の1は次のとおりである。

1　株主が提案することができる議案の数の制限

　取締役会設置会社の株主が第305条第1項の規定による請求をする場合において、当該株主が提出しようとする議案の数が10を超えるときは、同項から第3項までの規定は、10を超える数に相当することとなる数の議案については、適用しないものとする。この場合において、当該株主が提出しようとする次に掲げる議案の数については、①から④までに定めるところによるものとする。

①　取締役、会計参与、監査役又は会計監査人（以下1において「役員等」という。）の選任に関する議案

　当該議案の数にかかわらず、これを一の議案とみなす。

②　役員等の解任に関する議案

　当該議案の数にかかわらず、これを一の議案とみなす。

③　会計監査人を再任しないことに関する議案

　当該議案の数にかかわらず、これを一の議案とみなす。

④　定款の変更に関する二以上の議案　当該二以上の議案について異なる議決がされたとすれば当該議決の内容が相互に矛盾する可能性がある場合には、これらを一の議案とみなす。

　上記のとおり要綱案は、中間試案のB1の線で取りまとめられるに至ったということであるが、5ではなく10という数に落ち着いたのは、役員等の選解任等議案を1つと数えることとしたことと定款変更議案の取扱いが後述のようになったことにも関係しているとされている（神田秀樹「『会社法制（企業統治関係）の見直しに関する要綱案』の解説〔Ⅱ〕」6頁（旬刊商事法務2192号））。

④　改正会社法案

　改正会社法案では、要綱の内容のとおりとされており、これにより、取締

役会設置会社の株主が議案要領通知請求（会305①）をする場合に、当該株主が同一の株主総会に提出することのできる議案の数の上限は10に制限されることとなった。

(3)　議案の数の数え方

　改正会社法においては、株主が提出することができる議案の数を制限することを前提として、議案の数の制限を形式的に適用することとすると不都合が生じ得る議案の数について、改正会社法305条4項1号～4号に特別に定める方式を採用している。したがって、同項1号～4号に掲げる議案以外の議案も、当然に議案の数の制限の対象となるが、それらの議案については、議案の数の制限を形式的に適用したとしても不都合が生じることがあまり想定されないことから、改正会社法において特別に定められていない。改正会社法305条4項1号～4号の規定は、議案の数の制限との関係で議案の数をどのように取り扱うべきかが特に問題となりやすいと考えられる議案について、議案の数の取扱いを定めることとしているのである。

(4)　役員等の選任又は解任等に関する議案の数の数え方

　改正会社法では、役員等の選任・解任に関する議案については、当該議案（選任候補者や解任対象の役員）の数にかかわらず、これを一の議案とみなすこととし、会計監査人を再任しないことに関する議案については、当該議案の数にかかわらず、これを一の議案とみなすこととされた（改正法305④一～三）。役員等の選任又は解任に関する議案は一候補者一議案であると解されているため、議案の数の制限をそのまま適用することとすると、株主が提出することができる議案の数の上限との関係で、株主が提案したい候補者の数に制限がかかることや、他の議案を提案することが難しくなるおそれがあり、株主提案権の行使を過度に制限することとなる懸念が指摘されていたためである。また、役員等の選任又は解任等に関する議案については、当該株式会社の役員等の員数に応じて株主が役員等の選任又は解任に関する議案を提出することができるようにしておくことが合理的であるとも考えられている（竹林俊憲ほか「令和元年改正会社法の解説〔Ⅱ〕」7頁（旬刊商事法務2223号））。

　なお、役員等の選任又は解任等に関する議案の数の数え方として、役員の種類ごとに一の議案として取り扱うことも考えられるが、改正会社法では、

役員等の種類にかかわらず、役員等の選任に関する議案を一の議案として、役員等の解任に関する議案を一の議案として取り扱うこととしている。立法担当官の説明によると「役員の種類ごとに一の議案として取り扱うこととすると、たとえば取締役、会計参与、監査役、会計監査人それぞれに関する議案で四、それぞれの解任に関する議案で四となり、これらの議案のみで八の議案として取り扱われることとなるため、株主提案権の行使を過度に制限することとなる懸念を払拭するためには、これらの議案がすべて提出される場合を想定して株主が提出することができる議案の数の上限を10より多く設定することが考えらえる。しかし、そのような場合を想定した余裕のある上限を設定するとすれば、株主提案権の濫用的な行使を制限するための措置としての議案の数の制限の実行が損なわれるおそれもある。」(竹林俊憲ほか「令和元年改正会社法の解説〔Ⅱ〕」9頁(旬刊商事法務2223号))といったことを理由としているとのことである。

⑸ 定款変更に関する議案の数の数え方

　改正会社法では、定款の変更に関する二以上の議案について、当該二以上の議案について異なる議決がされたとすれば当該議決の内容が相互に矛盾する可能性がある場合には、これらを一の議案とみなすこととされた(改正法305④四)。実務において定款一部変更議案が上程される場合、例えば商号を変更し目的も変更するといった場合には、株主総会の議題としては「定款一部変更の件」として一の議題を上程し、一の議案として商号の変更案と目的の変更案が記載された定款一部変更の一の議案が上程されることがほとんどであると思われる。しかしながら、この場合の、商号を変更するという議案と目的を変更するという議案は、それぞれ別個の定款記載事項であり、その内容に着目すれば、別個の議案である。実務で多用するような、複数の定款記載事項の変更を一の議案として取り扱うこととすると、株主が関連性のない多数の条項を追加する定款の変更に関する議案を一の議案として提出するなどをした場合には、株主が提出することができる議案の数を制限する意義が半減してしまうという懸念が生じる。そこで、議案の数の制限との関係では、定款の変更に関する議案についても、原則として、その内容に着目して議案の数を数え、議案の数の制限を及ぼすことが相当であるとして、改正会社法においては、「二以上の議案について異なる議決がされたとすれば当該議決の内容が相互に矛盾する可能性がある場合には、これらを一の議案とみ

なす」こととされた。

　なお、一の議案とみなされる要件として「異なる議決がされたとすれば当該議決の内容が相互に矛盾する可能性がある場合」とあるが、これは、一部の議案について可決され、他の議案について否決される場合の組み合わせのうち、いずれかの組合せにおいて議決の内容が相互に矛盾することとなる場合を意味する。例えばA及びBという二の議案について、①A議案可決でB議案否決及び②A議案否決でB議案可決となった場合に議決の内容が矛盾するケースが考えられる（竹林俊憲ほか「令和元年改正会社法の解説〔Ⅱ〕」8頁（旬刊商事法務2223号））。具体的な事例として、〔A議案〕監査等委員会設置会社となる旨の定款変更、〔B議案〕取締役の任期を二年から一年とする旨の定款変更の場合、A議案否決でB議案可決となる場合は、議決の内容は矛盾しないが、A議案可決でB議案否決の場合には矛盾するので、一の議案とみることとなる（神田秀樹ほか「＜座談会＞令和元年改正会社法の考え方」18頁〔竹林発言〕（旬刊商事法務2230号））。また、定款変更議案については、一の議案とみなされるのか否か判断に相当の困難が生じることも想定される。以下では、一の議案とみなされるかどうかの判断材料となる主な見解について挙げている。なお、議案の数の数え方について、提案の内容のみならず提案の理由を考慮するか、考慮するとしてどのように考慮するか等は、解釈によることとなるが、これを考慮するとしても相当程度限定的なものとなるものと考えられるとされている（神田秀樹「『会社法制（企業統治等関係）の見直しに関する要綱案』の解説〔Ⅱ〕」7頁（旬刊商事法務2192号））。

① 「he」を「he or she」に改める例

　　英文の定款における取締役等の代名詞が「he」とされている箇所を、全て「he or she」に変更する内容の議案は一の事項に関するものであるから、変更が複数の条文にわたっても一の議案であるとの見解（法制審議会会社法制（企業統治関係）部会第11回議事録48頁〔藤田委員発言〕）。

② (a)監査等委員会の設置とそれに伴う規定の整備を行う旨の提案と(b)監査役及び監査役会の廃止とそれらに伴う規定の整備を行う旨の提案における(a)(b)は、まとめて一の議案であるとの見解（法制審議会会社法制（企業統治関係）部会第14回部会資料23「会社法制（企業統治関係）の見直しに関する要綱案の作成に向けた個別論点の更なる検討」8頁、A案に基づく見解）。

③ S社の定款の事業目的に(a)貸金業を追加する旨の提案と(b)不動産管理業を追加する旨の提案は、(a)(b)それぞれ、別々の議案であるとの見解がある。ただし、提案の理由をも考慮されると判断される場合で、S社がD社を吸収合併するにあたって、S社がD社の権利義務を包括的に承継することとなるから、D社の事業である貸金業と不動産管理業を一括してS社の事業目的に追加したとする場合は、(a)及び(b)はまとめて一の議案として数えるべきとの見解（法制審議会会社法制（企業統治関係）部会第14回部会資料23「会社法制（企業統治関係）の見直しに関する要綱案の作成に向けた個別論点の更なる検討」8頁、A案に基づく見解）

④ 取締役の員数の枠に余裕がない会社における(a)取締役の員数の枠を拡大する旨の提案と(b)社外取締役と責任限定契約を締結することができるという定めを設ける旨の提案における(a)及び(b)は、それぞれ別々の議案であるとの見解（法制審議会会社法制（企業統治関係）部会第14回部会資料23「会社法制（企業統治関係）の見直しに関する要綱案の作成に向けた個別論点の更なる検討」8頁、A案に基づく見解）

⑤ 提案株主自身が、「提案一　取締役選任の件」「提案二　監査役選任の件」と二つの議案にあえて分けてきた場合であっても、役員選任議案については、「当該議案の数（候補者の数）にかかわらず、一の議案とみなす」ことになるので、一の議案と数えることとなるとの見解（神田秀樹ほか「＜座談会＞令和元年改正会社法の考え方」18頁〔竹林発言〕（旬刊商事法務2230号））

⑹ 拒絶することができる議案の決定の方法

　改正会社法では、株主が10を超える議案の提案をした場合は、株主総会に上程すべき10の議案を株式会社の取締役がこれを定めるとしている。つまり、議案要領通知請求をする株主が提出した議案が10を超える場合、株式会社はすべての議案を拒絶することができるのではなく、10を超える数に相当することとなる数の議案についてのみ拒絶することができるとされている。なお、この場合において株主総会に上程する議案については取締役が定めることとなるが、議案要領通知請求をした株主が当該請求と併せて当該株主が提出しようとする二以上の議案の全部又は一部について議案相互間の優先順位を定めている場合には、取締役は、当該優先順位に従って、これを定めるものとされている（改正法305⑤）。

　それでは、実際に株主から10を超える議案として、議案要領通知請求が行われた場合には、どのように対応すべきであろうか。実務的には、株主総会に上程すべき10議案を取締役が定めるのではなく、まずは、提案株主と協議の上、10議案に収めるように10を超えて提案した議案を取り下げるように協議することが考えられる。その上で、提案株主が取下げに応じない場合やそもそも提案株主と連絡が取れない場合には株主総会に上程すべき10議案を取締役が定めることとなるが、あらかじめ株式取扱規程等において、上程すべき議案の決定方法についてのルールを定めておくことが有用である（高木弘明＝野澤大和「令和元年改正会社法の実務対応(2)『株主提案権の制限』」25頁（旬刊商事法務2231号））。そのルールが合理的なものである限り、当該ルールに基づいて取締役が決定することができると考えられるが、立法担当官の解説によると、「たとえば、議案を、原則として、株主が記載している順序に従って、横書きの場合には上から（縦書きの場合は右から）数えて決定するものとするが、議案が秩序だって記載されていないなど、その順序を判断することが困難である場合には、取締役が任意に選択するものとする方法等」が考えられるとしている。なお、株主ごとに合理的な理由なく異なる取扱いをすることは、株主平等原則に反し許されないと解されており、例えば、「今年は10を超える提案も全部受け付けます、次の年は10を超える提案は受け付けませんよならいいと思いますが、Aさんについては10を超えるものを受け付け、同じ総会でBさんについては10を超えるものを受け付けないとするには、相当合理的な理由が必要だ」と解されている（神田秀樹ほか「＜座談会＞令和元年改正会社法の考え方」19頁〔神田発言〕（旬刊商事法務2230号））。

　また、議案の数の制限に関する規定は、株式会社による拒絶事由であるため、仮に、取締役が「10を超える数に相当することとなる数の議案」を決定することが難しいと考えた場合には、拒絶事由に該当する可能性がある議案であっても、当該取締役の判断により、拒絶せずに取り上げることも認められるとされている（竹林俊憲ほか「令和元年改正会社法の解説〔Ⅱ〕」10頁（旬刊商事法務2223号））。

(7)　複数の株主による共同行使の場合の取扱い

　会社法305条1項の規定に定める「株主」は、必ずしも株主1人を意味せず、複数の株主がより集まって満たすことにしてもよいとされている（稲

葉威雄『改正会社法』132頁（金融財政事情研究会、1982年））。このため、議案要領通知請求権は、複数の株主により共同して行使される場合がある。株主が議案要領通知請求権を単独で行使する場合であっても、他の株主と共同で行使する場合であっても、各株主が提出することができる議案の数の合計は10を超えることができない。立案担当者の解説によると、「たとえば、株主A、B及びCが共同して議案要領通知請求権を行使し、10の議案を提出した場合には、A、B及びCがそれぞれ10の議案を提出したこととなるため、A、B又はCは、他の株主Dと共同して議案要領通知請求権を行使しようとする場合であっても、すでに提出した10の議案以外の議案をさらに提出することができないこととなる。また、たとえば、株主A、B及びCが共同して議案要領通知請求権を行使し、6の議案を提出した場合には、A、B及びCがそれぞれ6の議案を提出したこととなるため、A、B又はCは、他の株主Dと共同して議案要領通知請求権を行使しようとする場合には、すでに提出した6の議案以外に、4までの議案を提出することができることとなる。」としている（竹林俊憲ほか「令和元年改正会社法の解説〔Ⅱ〕」6頁（旬刊商事法務2223号））。

3 │ 施行日等

⑴ 経過措置

　改正会社法附則3条では、改正会社法の施行前にされた議案要領通知請求については、なお従前の例によるとされている。施行前に議案要領通知請求がされた場合には、当該請求は、改正前の規律を前提としてされたものということができるから、これに改正後の新たな規律を適用すると、株主に不測の不利益が生じるおそれがあると説明されている（竹林俊憲ほか「令和元年改正会社法の解説〔Ⅱ〕」10頁（旬刊商事法務2223号））。

⑵ 施行日

　株主提案権に関する改正会社法の施行日は、令和3年3月1日とされている。

第5章

取締役等に関する規律の見直し

第1節 補償契約

1 補償契約創設の経緯

　改正前の会社法においては、会社と役員等の間の補償契約についての規定はなく、従来は会社法330条及び民法650条（委任）の規定などにより第三者から役員等が責任の追求を請求を受けた場合に、請求を受けた役員に過失がないときは補償が認められるという解釈で運用されていた。

　民法に基づかない補償の要件及び対象（第三者に対する損害賠償金及び費用、事前の補償契約の可否、取締役会の決議の要否）などについて、役員等に対する補償につき手続や範囲を明確にして会社法に規定することは、株式会社が役員等として優秀な人材を確保するとともに、役員等がその職務の執行に関し、第三者に生じた損害を賠償する責任を負うことを過度におそれることでその職務執行が萎縮することがないようにするためのインセンティブを付与する意義が認められる。また、役員等がその職務執行に関して訴訟等で責任追求を受けた場合においては、当該役員等が適切に防御活動を行うことができるように、株式会社においてこれらに対応する費用を負担することで、当該株式会社の損害の拡大を抑止することに繋がるため、新たな規律を設けることになった。

2 補償契約とは

　会社の役員等（会社法423条1項に規定する役員）が、その職務執行に際し、法令の規定に違反したことが疑われ、又は責任の追求に係る請求を受けたことに対処するために支出する費用（防御費用）や、第三者に生じた損害の賠償責任を負う場合における損失の全部又は一部を、株式会社が当該役員等に対して

補償することを約する契約であり、補償契約の内容の決定は株主総会（取締役会設置会社にあっては、取締役会）の決議を要求している。監査等委員会設置会社及び指名委員会等設置会社においては、取締役会はこの決定を取締役又は執行役に委任することはできない（改正法 399 の 13 ⑤十二・同 416 ④十四）。

3 | 補償契約の 内容

改正会社法 430 条の 2 の規定が新たに新設された。

> **改正会社法 430 条の 2 第 1 項**
>
> 　株式会社が、役員等に対して次に掲げる費用等の全部又は一部を当該株式会社が補償することを約する契約（以下この条において「補償契約」という。）の内容の決定をするには、株主総会（取締役会設置会社にあっては、取締役会）の決議によらなければならない。

　これにより、従来の民法 650 条（受任者による費用等の償還請求等）の規定に拠らずに株式会社が役員等と補償契約を締結するには、株主総会（取締役会設置会社にあっては取締役会）の決議で補償契約の内容を決定し、株式会社が役員等と補償契約を締結することが可能となる。本条においては、株式会社の役員等の支出する費用等の全部又は一部を当該株式会社が補償できることとし、その費用として 2 つの類型を定めている。なお、ここで注意が必要なのは、本条 1 項本文における費用の全部又は一部の解釈であるが、株式会社の役員等に対する補償についての対応は、株式会社ごとに相違しており、当該役員等の職務内容も異なっているので、株式会社が補償契約を締結するに際しては、必ずしも本条 1 項と同じ内容にする必要はなく、任意に必要な定めをすることも可能である（日本弁護士連合会編『実務解説改正会社法』77 項（弘文堂、2021））。

> **改正会社法 430 条の 2 第 1 項 1 号**
>
> 　当該役員等が、その職務の執行に関し、法令の規定に違反したことが疑われ、又は責任の追求に係る請求を受けたことに対処するために支出する費用

「職務の執行に関し」とは

本条における職務の執行とは、株式会社の役員等として職務の執行に関連することであるが、その解釈によれば、職務の執行自体だけではなく、その執行に直接・間接に関連してされた場合を含むと解されており（酒巻俊雄＝龍田節『逐条解説会社法第9巻』330項（中央経済社、2016））、本条においても同様の解釈で対応することになると考えられる。

「法令」とは

補償契約の創設趣旨は、役員等がその職務の執行に伴い過度に損害賠償の責任を負うことがないようするためのインセンティブであることから、役員等の職務の執行と関係のないところで法令の違反を行った場合については当然補償されない。また、役員等についてはその職務の執行に関して善管注意義務が課せられることを前提にすれば、国内法はもとより、外国の法令も含まれる。

「費用」とは

本条1項1号では、株式会社の役員等がその職務に執行に関し、法令の規定に違反したことを疑われ、又は責任の追求に係る請求を受けたことに対処するために支出する費用を掲げている。

具体的には、当該役員等が職務の執行に際し第三者から損害賠償請求を受けた場合における手続に要した費用、当該役員等が職務執行に際し、課徴金などが発生する事態に対応するために要した費用などが考えられるが、当該役員等に対して責任を追求する主体は限定されておらず、当該役員等の悪意や重過失といった主観的要件も設けられていない。

改正会社法の中間試案における意見の中では、モラルハザードの観点から、悪意又は重過失を要件としないことについては問題視する意見もあったが、当該役員等が第三者から責任の追求に係る請求を受けた場合には、当該役員等に悪意又は重過失が認められるおそれがあるときでも、当該役員等が適切な防御活動を行うことができるようにその費用を会社が負担することが損害の拡大防止や会社の利益に結びつくことや、当該役員等が仮に悪意又は重過失があるときであっても、費用の補償であればこれを対象に含めても職務執行から考えれば高額ではないとの理由で、悪意又は重過失はその要件から外されることになった（平成30年2月14日会社法制の見直しに関する中間

試案補足説明33項)。

改正会社法430条の2第1項2号

　当該役員等が、その職務の執行に関し、第三者に生じた損害を賠償する責任を負う場合における次に掲げる損失

イ　当該損害を当該役員等が賠償することにより生ずる損失

ロ　当該損害の賠償に関する紛争について当事者間に和解が成立したときは、当該役員等が当該和解に基づく金銭を支払うことにより生ずる損失

　本条1項2号では、株式会社の役員等がその職務の執行に関し、第三者に生じた損害を賠償する責任を負う場合において、当該損害を当該役員等が賠償することにより生ずる損失又は当該損害の賠償に関する紛争について当事者間で和解が成立したときは、当該役員等が当該和解に基づく金銭を支払うことにより生ずる損失を補償することができるとしている。

　この損失の補償は、本条1項1号の費用とは異なり、当該役員等に対し責任の追求をする主体が第三者の場合である。当該役員等が株式会社に対して損害を賠償する責任を負う場合については、補償の対象ではないとされている。本条における損失のうち当該役員等が納付しなければならない罰金や課徴金については、その補償の対象には当然ならない。

「和解」とは

　和解に基づいて支払われる金銭について、紛争の相手方との合意に基づいて当該紛争解決を目的として支払われることに変わりないことから、和解については裁判上の和解か裁判外の和解かを特段区別することなく、和解に基づいて支払われる金銭については補償の対象になる。

改正会社法430条の2第2項1号（防御費用の上限）

　株式会社は、補償契約を締結している場合であっても、当該補償契約に基づき、次に掲げる費用等を補償することができない。

一　前項1号に掲げる費用のうち通常要する費用の額を超える部分

　本条2項は、補償契約に基づいて補償できない費用等を規定している。株式会社が役員等に対して補償する費用の額を通常要する費用の額に限られる

ものとした。株式会社による補償が認められる範囲によっては役員の責任や刑事罰を定める規定の趣旨が損なわれたりするおそれがあるという懸念（平成30年2月14日会社法制の見直しに関する中間試案補足説明31項）から、通常要する費用の額を超えるか否かについては、補償する株式会社の判断になるとし、この判断について争いが起きた場合は、過去の裁判例や、会社法852条1項（費用等の請求）における相当と認められる額などを参考にして判断されることになる。実務においても請求金額、当事者の数、事案の内容、訴訟の結果として株式会社が得た利益などを勘案して裁判所が通常要する費用の額を超えるか否かを判断することになる。

> **改正会社法430条の2第2項2号（役員等の株式会社に対する損害賠償責任）**
> 二　当該株式会社が前項2号の損害を賠償するとすれば当該役員等が当該株式会社に対して423条1項の責任を負う場合には、同号に掲げる損失のうち当該責任に係る部分

　株式会社の役員等が株式会社に対する損害賠償責任（会423①）を負う場合には当該責任に係る部分については当該役員等が負担すべきであって、これを株式会社が補償することは、株式会社に対する責任免除の手続（会424条）を経ないで補填することになるので補償することができない規定となっている。

> **改正会社法430条の2第2項3号（悪意又は重大な過失があったことにより役員等が職務の執行に関して第三者に生じた損害を賠償する責任を負う場合）**
> 三　役員等がその職務を行うにつき悪意又は重大な過失があったことにより前項2号の責任を負う場合には、同号に掲げる損失の全部

　改正会社法430条の2第1項2号により役員等が損害賠償等の損失の補償を受ける場合としては、その職務を行うことについて善意でかつ重大な過失がない場合を対象としている。これは、悪意又は重大な過失がある場合であっても補償の対象にすると、役員等の職務の適正を害するおそれが発生することから、重大な過失については、会社法425（責任の一部免除）、同426条（取締役等による免除に関する定款の定め）、同427条（責任限定契約）などの規定と同様に解することで対応することになる。

　株式会社にとっては当該損害賠償責任につき和解がされた場合（改正法430の2①二ロ）、裁判の結果として当該役員等の悪意又は重大な過失について判断がされていないような場合は、補償契約により補償を実行すべきか否か判断に苦慮することになるので、そのような場合を想定して、予め当該役員等の行為について株式会社が悪意又は重大な過失を判断する場合に遭遇した際は、補償契約に基づく補償は実行しない旨の定めを補償契約の条項に入れておくことも必要となる（『令和元年改正会社法ポイント解説 Q&A』岩崎友彦他著145項（日本経済新聞出版社、2020））。

改正会社法 430 条の 2 第 3 項

　補償契約に基づき1項1号における費用を補償した株式会社が、当該役員等が自己若しくは第三者の不正な利益を図り、又は当該株式会社に損害を加える目的で同号の職務を執行したことを知ったときは、当該役員等に対し、補償した金額に相当する金銭を返還することを請求することができる。

　補償契約に基づき本条1項1号における費用（防御費用）を補償した株式会社が事後的に当該役員等が自己若しくは第三者の不正な利益を図り、又は当該株式会社に損害を与える目的で職務を執行したことを知った場合は、当該役員等に対し、補償した金額に相当する金銭を返還することを請求できるが、防御費用の補償については訴訟などが進行している過程で発生する可能性が高く、当該役員などが自己若しくは第三者の不正な利益を図り、又は当該株式会社に損害を与える目的で職務を執行しているかどうかを判断することはその場では難しいので一旦は補償を認めることとし、後日全容が明らかになり当該役員などが自己若しくは第三者の不正な利益を図り、又は当該株式会社に損害を与える目的で職務を執行していると判断することができるようになってから返還請求を可能としたものである。

改正会社法 430 条の 2 第 4 項

　取締役会設置会社においては、補償契約に基づく補償をした取締役及び当該補償を受けた取締役は、遅滞なく、当該補償についての重要な事実を取締役会に報告しなければならない。

> **改正会社法 430 条の 2 第 5 項**
> 前項の規定は、執行役について準用する。この場合において、同項中「取締役会設置会社においては、補償契約」とあるのは、「補償契約」と読み替えるものとする。

　取締役会設置会社においては、補償契約に基づく補償をした取締役及び当該補償を受けた取締役は遅滞なく、当該補償についての重要な事実を取締役会に報告しなければならない。執行役についても同様である。補償契約をした役員等のうち実際に補償を受けた場合に取締役会に報告義務が課せられるのは補償を実行した取締役及び執行役並びに補償を受けた取締役及び執行役になる。

> **改正会社法 430 条の 2 第 6 項**
> 会社法 356 条 1 項及び同第 365 条 2 項（これらの規定を会社法 419 条 2 項において準用する場合を含む。）、同第 423 条 3 項並びに同 428 条 1 項の規定は、株式会社と取締役又は執行役との間の補償契約については適用しない。
>
> **改正会社法 430 条の 2 第 7 項**
> 民法 108 条の規定は、1 項の決議によってその内容が定められた前項の補償契約の締結については適用しない。

　現行会社法上、株式会社と取締役及び執行役との間の補償契約の締結及びこれに基づく補償は、会社法 356 条 1 項 2 号の利益相反取引（直接取引）に該当し、取締役会設置会社においては取締役会の承認及び取引後の重要な事実の報告も必要となる（会 365 ②）とともに任務懈怠責任の推定がされ（会 423 ③）、さらに会社法 428 条の適用もあるところ、補償契約においてはその内容を株主総会（取締役会設置会社においては取締役会）の決議により定めるため、重ねて利益相反取引規制として株主総会（取締役会設置会社においては取締役会）の承認を適用する必要性は低いものとしてその適用を不要とされた。
　また、民法 108 条の規定も適用しないこととされたため、補償契約の締結について株式会社の側で業務執行を行う取締役又は執行役であっても補償契約の相手方として契約（自己契約）を締結することが可能となる。

4 | 補償契約の
開示

⑴ 株主に対する開示

　補償契約が役員等の職務の適正性に影響を与えるおそれがあり、また利益相反性が高い可能性もあることから、その内容は、株主にとって重要な情報であるため、一定の事項を事業報告等の内容とすることとされた。

⑵ 補償契約の開示の時期及び内容

　株式会社が、株主総会において役員等の選任に関する議案を提出する場合において、候補者と当該株式会社との間で補償契約を締結しているとき又は補償契約を締結する予定があるときは、株主総会参考書類にその補償契約の内容の概要を記載しなければならない（改正会施規74①五・74の3①七・75五・76①七・77六）。

　また、株式会社が当該事業年度の末日において公開会社である場合において、会社役員（取締役、監査役又は執行役に限る。）と当該株式会社との間で補償契約（改正法430の2①）を締結しているときは、当該補償契約に関する次の事項を事業報告の内容に含めなければならない。その内容は、①当該会社役員の氏名（改正会施規121三の二イ）、②当該補償契約の内容の概要（当該補償契約によって当該会社役員の職務の執行の適正性が損なわれないようにするための措置を講じている場合にあっては、その内容を含む。）（改正会施規121三の二ロ）、③当該株式会社が会社役員（取締役、監査役又は執行役に限り、当該事業年度の前事業年度の末日までに退任した者を含む。）に対して補償契約に基づき法第430条の2第1項第1号に掲げる費用を補償した場合において、当該株式会社が、当該事業年度において、当該会社役員が同号の職務の執行に関し法令の規定に違反したこと又は責任を負うことを知ったときは、その旨（改正会施規121三の三）、④当該株式会社が会社役員に対して補償契約に基づき法第432条の2第1項第2号に掲げる損失を補償したときは、その旨及び補償した金額（改正会施規121三の四）とされている。

　会計参与又は会計監査人と株式会社との間で補償契約を締結しているときも、前記①〜④を事業報告の内容に含めなければならない（改正会施規125二、三、四、126七の二、七の三、七の四）。但し、この場合には非公開会社もその対象となる。

5 | その他

　本条1項は、補償契約の締結時についての定めであり、補償契約に基づいて実際に金銭を役員等に支払う場合については特段、株主総会や取締役会の決議を要求していないが、補償契約に基づく補償の実行に際し重要な業務執行の決定に該当するような場合においては株主総会や取締役会の決議は必要となる場合もあり得る。

6 | 施行日等

(1)　経過措置

　補償契約に関する経過措置により、本条は、改正会社法の施行後に締結された補償契約について適用することとされている（改正法附則6条）。

(2)　施行日

　補償契約に関する改正会社法の施行日は、令和3年3月1日とされている。

第２節 | 役員等賠償責任保険契約（D&O 保険契約）

1 | 株式会社の役員等賠償責任保険契約に関する改正の概要

　役員賠償責任保険（Officers and Directors liability insurance）、通称「D&O 保険」については、従来からその契約が利用されていたが、今般の改正会社法 430 条の 3 により明文化された。概要は、以下のとおりである。

　株式会社が、保険者との間で締結する保険契約のうち役員等がその職務の執行に関し責任を負うこと又は当該責任の追及に係る請求を受けることによって生ずることのある損害を保険者が塡補することを約するものであって、役員等を被保険者とするもの（法務省令で定めるものを除く。）の内容の決定をするには、株主総会（取締役会設置会社にあっては、取締役会）の決議によらなければならないとされた（改正法 430 の 3 ①）。この適用を受ける保険契約を「役員等賠償責任保険契約」という（改正法 430 の 3 ①、③）。

　なお、前記の手続きが必要となる役員等賠償責任保険契約については、保険契約を締結することにより被保険者である役員等の職務の執行の適正性が著しく損なわれるおそれがないものとして法務省令で定めるものは除かれている。法務省令で定められたものは以下のとおりである（改正会施規 115 の 2）。

　①被保険者に保険者との間で保険契約を締結する株式会社を含む保険契約であって、当該株式会社がその業務に関連し第三者に生じた損害を賠償する責任を負うこと又は当該責任の追及に係る請求を受けることによって当該株式会社に生ずることのある損害を保険者が塡補することを主たる目的として締結されるもの

　②役員等が第三者に生じた損害を賠償する責任を負うこと又は当該責任の追及に係る請求を受けることによって当該役員等に生ずることのある損害（役員等がその職務上の義務に違反し若しくは職務を怠ったことによって第三者に

生じた損害を賠償する責任を負うこと又は当該責任の追及に係る請求を受けることによって当該役員等に生ずることのある損害を除く。）を保険者が填補することを目的として締結されるもの

　そして、株式会社が保険者との間で締結する保険契約のうち役員等がその職務の執行に関し責任を負うこと又は当該責任の追及に係る請求を受けることによって生ずることのある損害を保険者が填補することを約するものであって、取締役又は執行役を被保険者とするものの締結（役員等賠償責任保険契約に限らない。）については、会社法356条1項及び同365条2項（利益相反取引。これらの規定を同419条2項において準用する場合を含む。）並びに同423条3項の規定は適用しないとされた（改正法430の3②）。加えて、この保険契約の締結については、民法108条の規定は適用しないとされた。ただし、当該契約が役員等賠償責任保険契約である場合には、改正会社法430条の3第1項の決議によってその内容が定められたときに限る（改正法430の3③）。

> ※上記の「役員等」は、取締役、会計参与、監査役、執行役又は会計監査人である（改正法423①）。

2 | D&O 保険とは

　D&O保険とは、役員等に対して、株主代表訴訟等の損害賠償請求がされた場合に、その役員等が負担する損害賠償金などを一定の範囲で填補する内容の会社と保険会社との間で締結する保険契約である。

3 | D&O 保険規定の 経緯

　従来の会社法においては、役員賠償責任保険（以下「D&O保険」という。）に係る契約を締結することについては規定がなく、明確にされていなかった。

　取締役が株主代表訴訟に敗訴した場合の賠償責任や訴訟費用（防御費用）を担保する保険の保険料を会社が負担する場合、結果として取締役が訴訟費用（防御費用）や賠償責任を免れる形で利益を得る関係にあることから、定

款又は株主総会の定めが必要になるのではないか、また、株式会社からの財産支出が取締役の利益につながるのであれば利益相反取引に該当するのではないかとの意見が従来からあったことを踏まえ、D&O 保険の保険料を株式会社が全額を負担する場合として、取締役会の承認及び社外取締役が過半数の構成員である任意の委員会の同意又は社外取締役全員の同意があったとしても D&O 保険に係る契約の内容については、役員等の職務の適正性にも影響が出る可能性もあることなどから、D&O 保険契約の締結には株式会社と取締役との利益相反が認められることになるため会社法に一定の規律を設けることにした。

4 | D&O 保険契約の内容

(1) D&O 保険の被保険者（役員等）

D&O 保険とは、株式会社が保険者との間で締結する保険契約であって、そのうち役員等が下記①〜④に該当する保険である。この場合の「役員等」については、取締役、会計参与、監査役、執行役又は会計監査人である（改正法 430 の 3 ①）。

① その職務の執行に関し責任を負うこと
② 当該責任の追及に係る請求を受けることによって生ずることのある損害を保険者が填補することを約するもの
③ 役員等を被保険者とするもの
④ 当該保険契約を締結することにより被保険者である役員等の職務の執行の適正性が著しく損なわれるおそれがないものとして法務省令（改正会施規 115 の 2）で定めるものを除外したもの。

(2) 法務省令で除外される保険

基本的には、役員等の職務の執行の適正性が損なわれるおそれが低いことや契約締結に係る手続や開示に関する規律を適用したとすれば甚大な影響が想定される以下のような保険は除外された。

- 生産物賠償責任保険（PL 保険）、企業総合賠償責任保険（CGL 保険）
- 使用者賠償責任保険
- 株式会社がその業務を行うにあたり、株式会社に生じ得る損害を填補す

ることを主たる目的とする保険

- 自動車運転中や旅行中における偶発的事故に関する保険
- 役員等として職務上の義務違反や任務懈怠以外の行為等により第三者に損害を発生する事態を想定して加入する保険

5 | D&O 保険契約の 内容の決定

　株式会社が D&O 保険契約を締結するにあたり、D&O 保険契約の締結の要否、締結する場合におけるその被保険者の範囲、保険金額、填補すべき損害などを決定する必要がある。D&O 保険契約は、会社と役員との利益相反性も否定することができないことから役員等の職務の適正性に影響を与えることになる。

　よって、D&O 保険契約の内容を決定するには株主総会（取締役会設置会社にあっては、取締役会）の決議が必要であるとされた（改正法 430 の 3 ①）。

6 | D&O 保険契約についての 特則

(1)　利益相反取引規制の適用除外

　D&O 保険契約のうち、取締役又は執行役を被保険者とする役員等のために締結される保険契約については、利益相反行為に係る株主総会（取締役会設置会社にあっては、取締役会）の承認決議（会 356 ①・同 356 ②）は不要とされた。（改正法 430 の 3 ②）

(2)　民法 108 条の適用除外

　D&O 保険契約のうち、取締役又は執行役を被保険者とする役員等のために締結される保険契約は、間接取引に該当するため、当該保険契約が民法 108 条 2 項により無効となり、保険契約の締結が無権代理行為に該当する可能性があるため、民法 108 条を適用除外とした。（改正法 430 の 3 ③）

7 | D&O保険契約の開示

(1) 株主に対する開示

　D&O保険は、上場会社や一部非上場の会社に普及しているが、会社法には D&O保険に関する規定がないことにより、会社がどのような D&O保険に加入しているかについて開示がされていないことから、株主は、その契約の内容（保険金額、保険料、保険金支給の有無など）を知ることができなかった。

　D&O保険は、役員が会社に対して負う損害賠償債務について保険金が支払われる仕組み上、その内容によっては会社と役員の間で利益相反性がつきまとうことになり、また D&O保険は保険料が低額ではないことなどから、株主にとっては D&O保険契約の内容は重要な情報になる。

(2) 保険契約の開示の時期及び内容

　公開会社のみならず、株式会社が株主総会において役員等の選任に関する議案を提出する場合における、株主総会参考書類には、候補者を被保険者とする役員等賠償責任保険契約を締結しているとき又は当該役員等賠償責任保険契約を締結する予定があるときは、その役員等賠償責任保険契約の内容の概要を記載しなければならない（改正会施規74①六・74の3①八・75六・76①八・77七）。

　また、株式会社が当該事業年度の末日において公開会社である場合においては、役員等賠償責任保険契約（改正法430の3①）を締結しているときは、株式会社の当該役員等賠償責任保険契約に関する事項を事業報告の内容に含めなければならない（改正会施規119二の二）。その内容は、①当該役員等賠償責任保険契約の被保険者の範囲、②当該役員等賠償責任保険契約の内容の概要（被保険者が実質的に保険料を負担している場合にあってはその負担割合、填補の対象とされる保険事故の概要及び当該役員等賠償責任保険契約によって被保険者である役員等（当該株式会社の役員等に限る。）の職務の執行の適正性が損なわれないようにするための措置を講じている場合にあってはその内容を含む。）とされている（改正会施規121の2）。

8 施行日等

(1) 経過措置

　施行日前に締結された役員等賠償責任保険契約については、改正法430条の3は適用されない（改正法附則7）。

　施行日以後に締結された役員等賠償責任保険契約については、上記7(2)が適用される（改正会施規附則2⑥・⑩）。

(2) 施行日

　株式会社の役員等賠償責任保険契約に関する改正は、令和3年3月1日に施行された。

第3節 社外取締役の活用等

1 社外取締役の定義

(1) 社外取締役の要件

社外取締役とは、株式会社の取締役であって、次に掲げる要件のいずれにも該当するものをいう（会2十五）。

① 当該株式会社又はその子会社の業務執行取締役（株式会社の第363条第1項各号に掲げる取締役及び当該株式会社の業務を執行したその他の取締役をいう。以下同じ。）若しくは執行役又は支配人その他の使用人（以下「業務執行取締役等」という。）でなく、かつ、その就任の前10年間当該株式会社又はその子会社の業務執行取締役等であったことがないこと。

② その就任の前10年内のいずれかの時において当該株式会社又はその子会社の取締役、会計参与（会計参与が法人であるときは、その職務を行うべき社員）又は監査役であったことがある者（業務執行取締役等であったことがあるものを除く。）にあっては、当該取締役、会計参与又は監査役への就任の前10年間当該株式会社又はその子会社の業務執行取締役等であったことがないこと。

③ 当該株式会社の親会社等（自然人であるものに限る。）又は親会社等の取締役若しくは執行役若しくは支配人その他の使用人でないこと。

④ 当該株式会社の親会社等の子会社等（当該株式会社及びその子会社を除く。）の業務執行取締役等でないこと。

⑤ 当該株式会社の取締役若しくは執行役若しくは支配人その他の重要な使用人又は親会社等（自然人であるものに限る。）の配偶者又は二親等内の親族でないこと。

⑵　社外取締役の登記

　上記⑴の要件を満たしていたとしても、必ず社外取締役の登記をしなければならないわけではなく、法律上登記すべきことを要請されている場合のみ登記することとなる。

　社外取締役について登記をする場合及びその内容については、下記の①ないし③のとおりである（会911③二十一・二十二・二十三）。

　①　会社法373条1項の規定による特別取締役による議決の定めがある場合

　　ⅰ　会社法373条1項の規定による特別取締役による議決の定めがある旨

　　ⅱ　特別取締役の氏名

　　ⅲ　取締役のうち社外取締役であるものについて、社外取締役である旨

　②　監査等委員会設置会社であるとき

　　ⅰ　監査等委員会設置会社である旨

　　ⅱ　監査等委員である取締役及びそれ以外の取締役の氏名

　　ⅲ　取締役のうち社外取締役であるものについて、社外取締役である旨

　　ⅳ　会社法399条の13、6項の規定による重要な業務執行の決定の取締役への委任についての定款の定めがあるときは、その旨

　③　指名委員会等設置会社であるとき

　　ⅰ　指名委員会等設置会社である旨

　　ⅱ　取締役のうち社外取締役であるものについて、社外取締役である旨

　　ⅲ　各委員会の委員及び執行役の氏名

　　ⅳ　代表執行役の氏名及び住所

2 | 業務の執行の社外取締役への委託

⑴　業務の執行の社外取締役への委託が新設されたことの背景

　会社法制（企業統治等関係）の見直しに関する中間試案の補足説明（40頁）では、「取引の構造上株主と買収者である取締役との間に利益相反関係が認められると評価されるマネジメント・バイアウト等、株式会社と業務執行者その他の利害関係者との利益相反が問題となる場面において、実務上、取引の公正さを担保する措置として、対象会社の社外取締役が、対象会社の独立委員会の委員として、当該マネジメント・バイアウト等の検討をするにとどまらず、交渉等の対外的行為を伴う活動をする場合等があるが、社外取締役

がこのような行為をしたことが『業務を執行した』に該当するか否かが問題となる。仮に、このような行為をしたことが『業務を執行した』に該当するとすれば、一般的に、株式会社と業務執行者その他の利害関係者との間の利益相反の問題を回避する観点から、社外取締役がこのような行為をすることは、会社法の趣旨にかなうと考えられるにもかかわらず、当該行為をした取締役は、社外取締役の要件に該当しないこととなる。」とされ、社外取締役の行為がどう判断されるかによって、会社法 2 条 15 号の要件を満たさなくなるおそれがあることが問題であると指摘された。

　そこで、このような問題が生じないようにするために、業務の執行の社外取締役への委託に関する規定を新設し、委託された業務の執行をしたときであっても、法律に従って業務を執行していれば、社外取締役の要件を満たさないこととならない旨を明文化した。

⑵　業務の執行の社外取締役への委託が認められる要件等（改正法 348 の 2 ①③ただし書）

①　当該株式会社（指名委員会等設置会社を除く。）が社外取締役を置いている場合

②　当該株式会社と取締役との利益が相反する状況にあるとき、その他取締役が当該株式会社の業務を執行することにより株主の利益を損なうおそれがあるときに限る

③　当該株式会社の業務を執行することを社外取締役に委託する都度、取締役の決定（取締役会設置会社にあっては、取締役会の決議）がなされていること。この場合の取締役の決定又は取締役会の決議は、個別の事案ごとになされるべきであり、一般的に業務を執行することを委託することはできないとされている（竹林俊憲ほか『令和元年改正会社法②』44 頁（商事法務、2020））。

④　社外取締役が業務執行取締役からの指揮命令により、当該委託された業務を執行していないこと。

　なお、指名委員会等設置会社の場合は、指名委員会等設置会社と執行役との利益が相反する状況にあるとき等は、取締役会の決議によって、当該指名委員会等設置会社の業務を執行することを社外取締役に委託することができる等、上記と同様に規定されている（改正法 348 の 2 ②）。

　その他、社外取締役への業務の執行の委託の決定については、監査等

委員会設置会社においては取締役会がその決議により取締役に委任することはできない（改正法399の13⑤六）。指名委員会等設置会社においても同様である（改正法416④六）。そして、「これらの株式会社以外の取締役会設置会社においても同様に取締役会は、社外取締役への業務の執行の委託の決定を取締役に委任することはできない」（竹林俊憲ほか『令和元年改正会社法②』44頁（商事法務、2020））とされている。

⑶　業務の執行の社外取締役への委託が認められた場合の効果等

　委託された業務の執行をしたとしても、社外取締役の要件を満たさないことにはならないので、社外取締役の資格を喪失しないことになる（改正法348の2③）。

　業務の執行については、「伝統的に、会社事業に関する諸般の事務を処理することと広く解釈されてきたが、業務執行取締役等の定義においても『業務を執行した』の意義を広く捉え過ぎると、社外取締役の活動機会を過度に制約するおそれがあるという指摘がされている。」（会社法制（企業統治等関係）の見直しに関する中間試案の補足説明40頁）とされており、業務の執行の社外取締役への委託が認められたことにより、このおそれが少なくなるものと考えられる。

　なお、改正会社法348条の2の規定は、「飽くまでセーフ・ハーバー・ルールであって、当該規律を設けることにより、現行法の解釈上、『業務を執行した』に該当しないと考えられている社外取締役の行為について、新たに『業務を執行した』に該当するものとすることを意図するものではない。」（会社法制（企業統治等関係）の見直しに関する中間試案の補足説明41頁）と解されている。

　※セーフ・ハーバー・ルールとは、あらかじめ定められた一定の要件のもとで行動する限り、違法又は違反とはならないとされた範囲のことである。

3 ｜ 施行日

　業務の執行の社外取締役への委託についての改正は、令和3年3月1日に施行である。

4 | 社外取締役を置くことの義務付け

(1) 社外取締役を置くことの義務付けとなった背景

平成 26 年改正会社法附則第 25 条において、「政府は、この法律の施行後 2 年を経過した場合において、社外取締役の選任状況その他の社会経済情勢の変化等を勘案し、企業統治に係る制度の在り方について検討を加え、必要があると認めるときは、その結果に基づいて、社外取締役を置くことの義務付け等所要の措置を講ずるものとする。」と定められていたことから、法制審議会会社法制（企業統治等関係）部会において、会社法制（企業統治等関係）の見直しに関する中間試案に対するパブリックコメントの結果も踏まえて議論した結果、改正する運びとなった。

(2) 改正の概要

我が国の資本市場が信頼される環境を整備し、上場会社等については、社外取締役による監督が保証されているというメッセージを国内外に発信するために、監査役会設置会社（公開会社であり、かつ、大会社であるものに限る。）であって金融商品取引法 24 条 1 項の規定によりその発行する株式について有価証券報告書を内閣総理大臣に提出しなければならないものは、社外取締役を置かなければならないとされ（改正法 327 の 2）、社外取締役を置くことの義務付けが明記された。

この改正にともなって、社外取締役を置いていない場合の理由の開示を定めていた現行会社法 327 条の 2 は大幅に改正され、社外取締役を置いていない場合には、取締役は、当該事業年度に関する定時株主総会において、社外取締役を置くことが相当でない理由を説明しなければならないという規定は削除された。

さらに、社外取締役を置いていない場合には、現行会社法施行規則 74 条の 2 において、取締役が取締役（株式会社が監査等委員会設置会社である場合にあっては、監査等委員である取締役を除く。）の選任に関する議案を提出する場合において、株式会社が社外取締役を置いていない特定監査役会設置会社（当該株主総会の終結の時に社外取締役を置いていないこととなる見込みであるものを含む。）であって、かつ、取締役に就任したとすれば社外取締役となる見込みである者を候補者とする取締役の選任に関する議案を当該株主総会に

提出しないときは、株主総会参考書類には、社外取締役を置くことが相当でない理由を記載しなければならない等とされていた。また、現行会社法施行規則 124 条 2 項において、社外取締役を置くことが相当でない理由を事業報告の内容に含めなければならない等とされていたが、改正会社法により、そもそも社外取締役が置かれないことが想定されなくなったので、これらの規定は削除された。

　ただし、後記のとおり、経過措置が設けられているため、その適用を受ける会社は、現行会社法 327 条の 2 の規定に従う必要がある。

(3)　違反の場合

　改正会社法第 327 条の 2 の規定に違反して、遅滞なく、社外取締役を選任しなかったときは、取締役等は、100 万円以下の過料に処せられるとされている（改正法 976 十九の 2）。

5 ｜ 施行日等

(1)　経過措置

　この法律の施行の際現に監査役会設置会社（会社法 2 条 5 号に規定する公開会社であり、かつ、同条 6 号に規定する大会社であるものに限る。）であって金融商品取引法（昭和 23 年法律第 25 号）24 条 1 項の規定によりその発行する株式について有価証券報告書を内閣総理大臣に提出しなければならないものについては、改正会社法 327 条の 2 の規定は、この法律の施行後最初に終了する事業年度に関する定時株主総会の終結の時までは、適用しない。この場合において、現行会社法 327 条の 2 に規定する場合における理由の開示については、なお従前の例によるとされた（改正法附則 5）。

(2)　施行日

　社外取締役を置くことの義務付けについての改正は、令和 3 年 3 月 1 日に施行である。

第6章

その他

第1節 | 社債の管理

1 | 社債管理補助者

(1) 改正の趣旨

　改正会社法では、社債権者のために、社債の管理の補助を行うことを委託することを目的とする、社債管理補助者の制度が新たに設けられた（改正法714の2）。これまでも、社債の管理を行うことを委託する制度として、社債管理者の制度が設けられており、会社が社債を発行する場合には、原則として社債管理者を定めなければならないとされていた（会702）。しかし、例外規定が設けられており（会702ただし書）、この例外規定に基づき、社債管理者を定めないことが多いとの指摘がなされていた。社債管理者の権限が広範であり、その義務、責任及び資格要件が厳格であるため、なり手を確保することが難しいことや、社債管理者の設置に要するコストが高くなることが理由である。

　社債は返済義務のある会社の債務であるが、一般的に償還期限が長期であり、会社にとって安定的な資金源といえる。かつては会社の純資産額を基準とした一定の社債の発行限度が設けられていた（改正前商法297）等の理由から、積極的に利用されているとはいえなかったが、預金利利の低迷や、ペイオフ解禁の動きのなか国内一般投資家向けに普通社債が発行されるようになってきたこと、また、産業界からの強い要請があり、1993年に社債発行限度が撤廃されたこともあって、次第に社債の発行が活発となった。なお、参考までに、1993年の改正時に社債発行限度の撤廃に併せて、原則として社債管理者を設置することを義務付ける規定が設けられたのである。

　社債の発行が活発になると、バブル崩壊後の不況の影響もあり、社債に発行限度が設けられていた際にはみられなかった社債についての債務不履行が発生し、社債管理者の重要性が認識されるようになった。社債管理者が定められていなかったことから、社債権者各自が倒産手続における債権届出をし

なければならない等、混乱が生ずるという事例が生じたためである。そのた
め、例外規定により社債管理者を定めない場合であっても、社債権者のため
に社債の管理の補助を行うことを目的とする制度を設けるべきであるという
指摘がなされていた。

　社債管理補助者の制度はこのような背景から、設けられたものである。

⑵　社債管理補助者の設置

　会社は、社債を発行する場合には、原則として、社債管理者を定め、社債
権者のために、弁済の受領、債権の保全その他の社債の管理を委託しなけれ
ばならない。ただし、以下の例外規定に該当する場合には、この限りでない
ものとされている。

【例外規定】

ⅰ　各社債の金額が1億円以上である場合（会702ただし書）
ⅱ　ある種類（会681一、会施規165）の社債の総額を当該種類の各社債 　　の金額の最低額で除して得た数が50を下回る場合（会施規169）

　改正会社法は、この例外規定に該当する場合には、社債が担保付社債であ
る場合を除き、会社は、その判断により、社債管理補助者を定め、社債権者
のために、社債の管理の補助を行うことを委託することができるものとした。
社債を発行する会社が第三者に対して一定の事務を行うことを委託すること
によって設置する機関については以下後掲の表のとおりである。

【社債管理者の設置義務等】

場合分け		社債管理機関設置義務等
原　則		社債管理者の設置義務あり
例外規定に 該当する場合	担保付社債で ある場合	信託会社との間で信託契約を結ばなけれ ばならず、当該信託会社は、社債権者のた めに、社債の管理をしなければならない。
	担保付社債 以外	任意に社債管理者を設置
		任意に社債管理補助者を設置

		法定の管理機関は置かない（任意の管理機関を置く場合も含む。）

　改正会社法により設けられた社債管理補助者は、社債の管理に関し、第三者に一定の事務を委託する制度である点は社債管理者の制度と共通する。しかし、社債管理者が社債の管理に必要な包括的な権限を有し、広い裁量をもってそれを行使する制度であるのに対し、社債管理補助者は、社債権者において自ら社債を管理することを前提としており、社債権者による社債の管理が円滑に行われるように補助する制度であることが大きな違いといえる。そのため、社債管理補助者を設置することができるのは社債管理者を定めることを要しない場合等、各社債権者において自ら社債を管理することを期待することができる場合に限定されている。

⑶　社債管理補助者の資格

　社債管理補助者は、会社法703条各号に掲げる者その他法務省令で定める者でなければならない（改正法714の3）。会社法703条各号に掲げる者とは、社債管理者になることができる者である。具体的には、銀行、信託会社のほか、会社法施行規則170条に定める者である。社債管理補助者は、これらの者に加え、法務省令により、弁護士及び弁護士法人がなることができるものとされた（改正会施規171の2一・二）。

　社債管理補助者の資格は、後記（⑸社債管理補助者の権限）のとおり、社債管理者と比べると、裁量の余地が限定されており、社債管理者の資格要件よりも緩やかにしてもよいと考えられる反面、委託契約に定める範囲内において、社債に係る債権の実現を保全するために必要な訴訟行為をする権限等を有することが考慮され、定められたものである。

　以上により、社債管理補助者になることができる者の詳細は後掲の表のとおりである。

社債管理補助者となることができる者（会714の3）
①　銀行（会703一）
②　信託会社（会703二）
③　担保付社債信託法3条の免許を受けた者（会703三、会施規170一）

④　株式会社商工組合中央金庫（会 703 三、会施規 170 二）

⑤　農業協同組合法 10 条 1 項 2 号及び 3 号の事業を併せ行う農業協同組合又は農業協同組合連合会（会 703 三、会施規 170 三）

⑥　信用協同組合又は中小企業等協同組合法 9 条の 9 第 1 項 1 号の事業を行う協同組合連合会（会 703 三、会施規 170 四）

⑦　信用金庫又は信用金庫連合会（会 703 三、会施規 170 五）

⑧　労働金庫連合会（会 703 三、会施規 170 六）

⑨　長期信用銀行法 2 条に規定する長期信用銀行（会 703 三、会施規 170 七）

⑩　保険業法 2 条 2 項に規定する保険会社（会 703 三、会施規 170 八）

⑪　農林中央金庫（会 703 三、会施規 170 九）

⑫　弁護士（改正会施規 171 の 2 一）

⑬　弁護士法人（改正会施規 171 の 2 二）

⑷　社債管理補助者の義務

　社債管理補助者は、社債権者のために、公平かつ誠実に社債の管理を行わなければならず、社債権者に対し、善良な管理者の注意をもって社債の管理を行わなければならない（改正法 714 の 7 で会 704 を準用）。社債管理者の義務の規定を準用し、社債管理補助者も誠実義務や善管注意義務を負うことを明らかにしたものである。

　しかし、このことは、社債管理補助者が社債管理者と同じ責任を負うことを意味するものではない。社債管理者は社債の管理に必要な包括的な権限を有し、広い裁量をもってそれを行使する制度であるのに対し、社債管理補助者は、社債権者において自ら社債を管理することを前提とし、社債権者による社債の管理が円滑に行われるように補助する制度であり、それぞれに対する委託の趣旨は異なるものと考えられる。社債管理補助者は、後記（⑸社債管理補助者の権限）に記載のとおり、裁量の余地が限定された権限を有する者であるため、社債管理者と比べて義務違反が問われる場合は限定的と考えられる。

　社債管理補助者は、会社法又は社債権者集会の決議に違反する行為をしたときは、社債権者に対し、連帯して、これによって生じた損害を賠償する責任を負うものとされている（改正法 714 の 7 で会 710 ① を準用）。この責任については、善意で重大な過失がない場合であっても、事前に免責する

ことは認められない。社債管理補助者は、社債管理者と同様に、適切に社債の管理を行うインセンティブを当然に有しているものではなく、社債発行会社と社債管理補助者となろうとする者双方が、義務は軽ければ軽いほどよいと考えるおそれがあることが理由である（法務省民事局参事官室「会社法制（企業統治関係）の見直しに関する中間試案の補足説明」第三部第一1(3)ウ）。

⑸　社債管理補助者の権限

　社債管理補助者の権限は、必ず有する権限（以下、「法定権限」という。）と、任意的に付与することができるそれ以外の権限に分けられる。社債管理者と比べると、法定権限は限定されている。これは、社債管理者制度と違い、社債管理補助者制度が、社債権者において自ら社債を管理することを前提とし、社債権者による社債の管理が円滑に行われるように補助する制度であることが理由である。ただし、社債管理補助者の権限は、法定権限に限定されるものではなく、社債発行会社と社債管理補助者との間の委託契約により、それ以外の権限を付与することも許容されている（以下、当該権限を「約定権限」という。）。参考までに、法定権限と改正会社法714条の4第2項に掲げられた約定権限は後掲の表のとおりである。なお、改正会社法上の約定権限に掲げられていない権限であっても、委託契約により付与することは可能と解される。ただし、裁判所の許可を得て社債発行会社の業務及び財産の状況を調査する権限（会705④）等、会社法705条1項及び706条1項の規定以外の法律の規定により社債管理者に付与されている権限は、委託契約で社債管理補助者に付与することはできないものとされている（竹林俊憲編著『一問一答・令和元年改正会社法』170頁（商事法務、2020））。

権　　限	内　　　容
法定権限 （改正法714の4①）	①　破産手続参加、再生手続参加又は更生手続参加 ②　強制執行又は担保権の実行の手続における配当要求 ③　会社法499条1項の期間内に債権の申出をすること 　　（解散した株式会社に対し、債権の申出をすること）

法定の約定権限 （改正法 714 の 4 ②）（右の権限 の範囲で任意に 定めることがで きる）	① 社債に係る債権の弁済を受けること
	② 会社法 705 条 1 項の行為（法定権限を除く）
	ⅰ 社債に係る債権の実現を保全するために必要な一切の裁判上又は裁判外の行為（会 705 ①）
	③ 会社法 706 条 1 項各号に掲げる行為
	ⅰ 社債の全部についてするその支払の猶予、その債務の不履行によって生じた責任の免除又は和解（ⅱの行為を除く）（会 706 ①一）
	ⅱ 社債の全部についてする訴訟行為又は破産手続、再生手続、更生手続若しくは特別清算に関する手続に属する行為（①及び②の行為を除く）（会 706 ①二）
	④ 社債発行会社が社債の総額について期限の利益を喪失することとなる行為

　約定権限については、委託契約において、当該権限の行使の時期、条件又は方法等を定めることも可能である。

　約定権限の③、④と、②の行為のうち、「ア．社債の全部についてする支払の請求」、「イ．社債の全部に係る債権に基づく強制執行、仮差押え又は仮処分」、「ウ．社債の全部についてする訴訟行為又は破産手続、再生手続、更生手続若しくは特別清算に関する手続きに属する行為（ア、イの行為を除く）」は、社債権者集会の決議によらなければ、社債管理補助者は行うことができない。社債管理補助者制度は、社債権者において自ら社債を管理することを前提とし、社債権者による社債の管理が円滑に行われるように補助する制度である。社債管理者において社債権者集会の決議により行う必要がある行為のほか、性質上裁量の余地が限定されているとはいえない行為については、社債権者集会の決議によらなければ行うことができないものとされたのである。なお、会社法 706 条 1 項各号に掲げる行為に対する社債権者集会の決議は、議決権者の議決権の総数の 5 分の 1 以上で、かつ、出席した議決権者の議決権の総額の 3 分の 2 以上の議決権を有する者の同意が必要である（会 724 ②二）。

　改正会社法立案過程の中では、約定権限の①の弁済を受けることについては、法定権限とすることも検討された。しかし、そうすると、社債管理補助

者が支払いを受けた時点で弁済があったものとなるが、社債権者が実際に支払を受ける時点まで債権の弁済がないものとする方が有利な場合もあるという指摘もあり、約定権限とされた。

なお、資本金の額の減少等の際、債権者の異議手続が行われるが、この特則として、社債管理補助者は、この手続において、社債発行会社から催告を受ける権限を有するが（改正法 740 ③）、異議を述べることはできない（改正法 740 ②）ものとされた。異議の申出をするとは裁量の余地が限定された行為でないことが理由であろう。

社債管理補助者は、委託に係る契約に従い、社債の管理に関する事項を社債権者に報告し、又は社債権者がこれを知ることができるようにする措置をとらなければならない（改正法 714 の 4 ④）。

ところで、法定権限の中に、会社法 499 条 1 項の期間内に債権の申出をすること（解散した株式会社に対し、債権の申出をすること）が規定されている。社債は持分会社も発行することが可能だが、会社法 660 条 1 項の期間内に債権の申出をすること（解散した持分会社に対し、債権の申出をすること）は規定されていない。そうすると、この申出をする権限は社債管理補助者の法定権限ではないことになると思われるが、制度の趣旨は会社法 499 条 1 項の債権の申出と同じであり、この点は疑問が残る。持分会社が社債を発行する場合は、会社法 660 条の債権の申出について、必要に応じて任意に約定権限として規定しておくのが安全であろう。

⑹ 特別代理人の選任

改正会社法 714 条の 7 において、社債管理者の規定である同法 707 条を準用し、社債権者と社債管理補助者との利益が相反する場合において、社債権者のために裁判上又は裁判外の行為をする必要があるときは、裁判所は、社債権者集会の申立てにより、特別代理人の選任をしなければならないものとしている。

社債管理補助者についても、社債管理者と同様の規律の適用があるものとすることが相当であるからである。

⑺ 社債管理補助者の行為の方式

代理行為は、代理人がその権限内において本人のためにすることを示して行うことが原則である（民 99）。しかし、社債管理補助者が行う社債権者の

ための代理行為もこの原則に従うとすると、社債管理補助者がその権限を行使することに困難を伴うことが想定される。社債権者は多数で常に変動する可能性があり、無記名社債の場合は社債権者を確知することが難しいからである。

社債管理者が社債権者のために裁判上又は裁判外の行為をするときは、個別の社債権者を表示することを要しないとされており（会708）、社債管理補助者についても、この規定が準用され（改正法714の7において、会708を準用）、同様の規律とされた。

⑻　2以上の社債管理補助者がある場合の特則

社債管理補助者は、社債管理者と同様に、複数を置くことが可能である。社債管理者が複数置かれた場合は、これらの者が共同して権限に属する行為をしなければならないものとされている（会709①）。それに対し、社債管理補助者が複数置かれた場合は、社債管理補助者は、各自、その権限に属する行為をしなければならない（改正法714の5①）ものとされた。社債管理補助者の権限は裁量の余地が限定されたものであり、他の社債管理補助者と共同して行使しなければならないとする実益は乏しいと考えられ、また、迅速かつ円滑に事務の遂行を行うという観点から、このように規定された。

なお、社債管理補助者が社債権者に生じた責任を負う場合において、他の社債管理補助者も当該損害を賠償する責任を負うときは、これらの者は、連帯債務者となる（改正法714の5②）。社債管理補助者はその権限を共同して行使する者ではないが、社債権者保護の観点から当該規定が設けられたものである（法務省民事局参事官室「会社法制（企業統治関係）の見直しに関する中間試案の補足説明」第三部第一1⑺イ）。

⑼　社債管理補助者の責任

社債管理補助者は、社債管理者と同様に、会社法又は社債権者集会の決議に違反する行為をしたときは、社債権者に対し、連帯して、これによって生じた損害を賠償する責任を負うものとされている（改正法714の7で会710①を準用）。

しかし、社債管理者の責任について設けられている会社法710条2項の規定は準用されていない。この規定は、当該規定に定められている一定の類型に属する賠償責任について、社債権者が誠実にすべき社債の管理を怠らな

かったこと又は当該責任が社債管理者の行為によって生じたものではないことについて、社債管理者に証明責任を課した規定である。社債管理補助者の権限が、社債管理者よりも裁量の余地が限定されたものであること、また、社債管理補助者は、社債権者による社債権者集会の決議等を通じた社債の管理が円滑に行われるように補助する者であることから、社債管理者と同様の規定を設ける必要性は高くないと考えられたためである。

⑽　社債管理者等との関係

　社債発行会社と社債管理補助者との間の委託契約は、社債管理者との間の委託契約の効力が生じた場合は、終了するものとされた（改正法714の6）。社債に担保を付す場合に、担保の目的である財産を有する者は信託会社と信託契約を締結する必要があるが（担保付社債信託法2①）、この信託契約の効力が生じた場合も同様である。

　社債管理補助者は、社債権者による社債権者集会の決議等を通じて、社債権者自らが社債を管理することを前提とし、社債権者による社債の管理が円滑に行われるように補助する制度であり、社債管理補助者を設置することができるのは、各社債権者において自ら社債を管理することを期待することができる場合に限定されている。そのため、社債の管理に必要な包括的な権限を有し、広い裁量をもってそれを行使する社債管理者等がおかれた場合は、社債管理補助者を設置する前提を欠くことになるため、社債管理補助者との間の委託契約が終了するものとされたのである。

⑾　社債管理補助者の辞任
ア　社債管理補助者が辞任することができる場合の原則的な扱い

　社債管理補助者は、社債発行会社及び社債権者集会の同意を得て辞任することができる。この場合、当該社債管理補助者は、あらかじめ、事務を承継する社債管理補助者を定めなければならない（改正法714の7で会711を準用）。

　社債管理者の辞任の場合は、他に社債管理者がある場合は、事務を承継する社債管理者を定める必要はないのに対して、社債管理補助者の辞任の場合は、他に社債管理補助者があるかどうかにかかわらず、事務を承継する社債管理補助者を定めなければならないものとされている。これは、複数の社債管理者又は社債管理補助者が置かれた場合、社債管理者は、その権限の行使は共同して行う必要があるため、辞任した社債権者があっても、その権限を

行使する社債管理者が存在するが、社債管理補助者の場合は、各自がその権限に属する行使するものとされており、当該辞任者の権限を承継する者を定める必要があるためである。

　なお、社債管理補助者は、社債権者による社債権者集会の決議等を通じた社債の管理を補助する者であり、社債権者集会を主体的に招集する必要性が高くないため、社債権者集会を招集することができる場合は限定されている（⒁社債権者集会と社債管理補助者を参照）が、社債管理補助者は、辞任するための社債権者集会の同意を得るために、社債権者集会を招集することができるものとされている（改正法717③二）。

イ　社債管理補助者が辞任することができる場合の例外

　アに記載のとおり、社債管理補助者は、原則として、社債発行会社及び社債権者集会の同意を得なければ辞任することができない。例外的に、社債発行会社との間の委託契約に定めた事由があるとき、又はやむを得ない事由があるときは、前記の同意がなくても辞任することができる。

　ただし、委託契約に定めた事由による辞任の場合は、委託契約に辞任後の事務を承継する社債管理補助者に関する定めがあることが必要であり、この定めがない場合は、辞任することはできない（改正法714の7で準用する会711②）。

　やむを得ない事由による辞任の場合は、裁判所の許可が必要である（改正法714の7で準用する会711③）。やむを得ない事由とは、社債管理者であれば、「社債管理者としての社債の管理の事務を行うことを著しく困難とするような事態が生じた場合」（奥島隆康ほか『新基本法コンメンタール　会社法3〔第2版〕』185頁（日本評論社、2015）〔森まどか〕）であり、社債管理補助者の場合は、文中の「社債の管理」を「社債の管理の補助」と読み替えることになろう。この場合、社債発行会社は、事務を承継する社債管理補助者を定め、社債権者のために、社債の管理の補助を行うことを委託しなければならない。社債管理者の場合と異なり、他に社債管理補助者がないときに限られない。複数置かれた場合に、共同して権限に属する行為をしなければならない社債管理者と異なり、社債管理補助者は、各自がその権限に属する行為をするものとされているからである。この場合においては、社債発行会社は、社債権者集会の同意を得るために、遅滞なく社債権者集会を招集する必要がある。

　以上の点の要約につき、後掲の表のとおりである。

【社債管理補助者の辞任】

	辞任できる場合	必要となる要件	備　考
原則	社債発行会社及び社債権者の同意がある場合	あらかじめ、事務を承継する社債管理補助者を定める	社債管理者と異なり、他に社債管理補助者がいても、左記の要件は必須
例外	委託契約に定めた辞任事由に該当する場合	委託契約に事務を承継する社債管理補助者に関する定めがあること	
	やむを得ない事由がある場合	裁判所の許可	社債発行会社は事務を承継する社債管理補助者を定めなければならない

⑿　社債管理補助者の解任

　社債管理補助者がその義務に違反したとき、その事務処理に不適任であるときその他正当な理由があるときは、社債発行会社又は社債権者集会の申立てにより、裁判所は、当該社債管理補助者を解任することができる（改正法714の7で会713を準用）。この場合、裁判所は、原則として、当該社債管理補助者の陳述を聴かなければならない（改正法870①二）。

　社債管理補助者が解任された場合、社債発行会社は、事務を承継する社債管理補助者を定め、社債権者のために、社債の管理の補助を行うことを委託しなければならない。社債管理者の場合と異なり、他に社債管理補助者がないときに限られない。複数置かれた場合に、共同して権限に属する行為をしなければならない社債管理者と異なり、社債管理補助者は、各自がその権限に属する行為をするものとされているからである。この場合においては、社債発行会社は、社債権者集会の同意を得るために、遅滞なく社債権者集会を招集する必要がある。

⑬　社債管理補助者の事務の承継

ア　事務の承継事由

　社債管理補助者が後掲の表のいずれかの事由に該当することになった場合には、社債発行会社は、事務を承継する社債管理補助者を定め、社債権者のために、社債の管理の補助を委託しなければならない（改正法714の7で準用する会714①）。社債管理者の場合と異なり、他に社債管理補助者がないときに限られない。複数置かれた場合に、共同して権限に属する行為をしなければならない社債管理者と異なり、社債管理補助者は、各自がその権限に属する行為をするものとされているため、必ずその事務を承継する者が必要であり、その法定の手続が定められたものである。

　なお、この手続により事務を承継する社債管理補助者を定める場合においては、社債発行会社は、社債権者集会の同意を得るため、遅滞なくこれを招集する必要がある。同意を得ることができなかった場合は、社債権者集会の同意に代わる裁判所の許可の申立てをしなければならない（改正法714の7で準用する会714①）。

【事務の承継手続を行わなければならない事由】

	事　　由
①	社債管理補助者が社債管理補助者となる者としての資格に該当しなくなったとき（前掲の社債管理補助者となることができる者の表参照）。
②	やむを得ない事由により社債管理補助者が辞任したとき。
③	社債管理補助者が解任されたとき。
④	社債管理補助者が死亡し、又は解散したとき。

イ　アの規定に該当したにもかかわらず事務の承継者の決定がされない場合

　アの事由に該当する場合において、事務の承継者が定められない等、やむを得ない事由があるときは、利害関係人は、改正会社法714条の7で準用する同法714条3項の規定により、裁判所に対し、事務を承継する社債管理補助者の選任の申立てをすることができる。

　また、アの事由に該当し、社債管理補助者の事務を承継する者を定め、社債の管理の補助を委託しなければならないにもかかわらず、2か月以内に社

債権者集会を招集せず、又は裁判所に社債権者の同意に代わる許可の申立てをしなかったときは、社債発行会社は、社債の総額について期限の利益を喪失する（改正法714の7で準用する会714②）。

ウ　事務を承継する社債管理補助者が定められた場合

アの手続により事務を承継する社債管理補助者を定めた場合（社債権者集会の同意を得た場合を除く）又はイに記載した利害関係人による事務を承継する社債管理補助者の選任がなされた場合には、社債発行会社は、遅滞なく、その旨を公告し、かつ、知れている社債権者には、各別にこれを通知しなければならない。公告は当該社債発行会社の定款に定められた公告方法による（改正法714の7で準用する会714④）。

⑭　社債権者集会と社債管理補助者

改正会社法により社債管理補助者の制度が設けられたことに伴い、社債管理補助者に関する社債権者集会の招集等の規定が設けられた。主な追加された事項等は以下のとおりである。

ア　社債権者集会の招集

従来、社債権者集会は、会社法718条3項の規定により、社債権者が裁判所の許可を得て招集する場合を除き、社債発行会社又は社債管理者が招集するものとされていた。改正会社法により社債管理補助者の制度が設けられたが、社債管理補助者は、社債権者による社債権者集会の決議等を通じた社債の管理の補助をする者であり、社債管理者と同様の社債権者集会招集権を付与する必要性は高くない。そこで、社債管理補助者が社債権者集会を招集できるのは、以下の表の場合に限定された（改正法717③）。

【社債管理補助者が社債権者集会を招集できる場合】

	社債権者集会を招集できる場合
①	改正会社法718条1項の規定により、招集請求権を有する社債権者が、社債管理補助者に対して社債権者集会の招集を請求した場合
②	社債管理補助者が辞任するにあたり、社債権者集会の同意を得るため必要がある場合（改正法714の7で準用する会711①）

イ その他

社債権者集会を招集する場合、招集者は社債権者集会の 2 週間前までに、一定の者に書面をもってその通知を発しなければならないとされている。改正会社法では、社債管理補助者がある場合には、社債管理補助者に対しても通知しなければならないことが定められた。

また、社債管理補助者は、その代表者若しくは代理人を社債権者集会に出席させ、又は書面により意見を述べることができる旨が規定された。ただし、社債権者と社債管理補助者との利益が相反する場合において、社債権者のために裁判上又は裁判外の行為をする必要があるとして、特別代理人の選任の申立てをするために招集された社債権者集会についてはこの限りでない（改正法 729）。

なお、社債権者集会の議事については、招集者は、法務省令（改正会施規177）の定めるところにより議事録を作成しなければならず、社債発行会社は、社債権者集会の日から 10 年間、当該議事録を会社の本店に備え置かなければならない。社債管理者、社債管理補助者及び社債権者は、社債発行会社の営業時間内は、いつでも、当該議事録の閲覧又は謄写の請求（議事録が電磁的記録をもって作成されているときは、記録された事項を表示したものの閲覧又は謄写の請求）をすることができる（改正法 731）。

⒂ 募集事項他

ア 募集事項

社債管理補助者の制度が設けられたことに伴い、会社が発行する社債を引き受ける者の募集をしようとするときに、募集社債について定めなければならない事項についても、改正がなされ、次の事項が追加された。

【追加された事項】

① 社債管理者を定めないこととするときは、その旨（改正法 676 七の 2）

② 社債管理補助者を定めることとするときは、その旨（改正法 676 八の2）

③ 委託契約に辞任事由が定められているときは、その事由（改正法 676十二、改正会施規 162 五、改正法 714 の 7 で準用する会 711 ②）

④ 社債管理補助者に約定権限を付与する場合は、その権限の内容（改正法 676 十二、改正会施規 162 六）

> ⑤ 委託契約に従い、社債管理補助者が行うべき社債の管理に関する事項を社債権者に報告し、又は社債権者がこれを知ることができるようにする措置の内容（改正法676十二、改正会施規162七、改正法714の2）

　改正前は、社債管理者を定めない場合であっても、追加された事項①を定めることは法定されていなかった。社債管理補助者が新設されたことに伴い、「社債管理者を定めることを要しない場合においては、社債管理者又は社債管理補助者のいずれかを任意に定めることができることとなる。そこで、改正会社法においては、両者が混同されることを防ぐ観点から」（竹林俊憲編著『一問一答・令和元年改正会社法』166頁（商事法務、2020））、社債管理補助者を定めることとする場合には、①と②の双方が募集事項として定められたものである。これらの事項は、申込みをしようとする者に対する通知事項ともなる（会677①二）。また、社債管理補助者を定めた場合は、社債管理者を定めた場合と同様、その氏名又は名称及び住所も通知しなければならない（会677①三、改正会施規163二）。なお、弁護士が社債管理補助者である場合には、法律事務所の所在場所を住所とすることもできると考えられる。住所は社債管理補助者を特定するための情報として求められているからである（法務省民事局参事官室「会社法の改正に伴う法務省関係政令及び会社法施行規則等の改正に関する意見募集の結果について」第3、1(9)②)。

イ　その他
　社債管理補助者が新設されたことに伴い、社債原簿に記載又は記録しなければならない事項に、次の項目が追加された。

【追加された事項】

> ① 社債管理者を定めないこととするときは、その旨（改正法681①、改正会施規165六）
> ② 社債管理補助者を定めることとするときは、その旨（改正法681①、改正会施規165八）
> ③ 社債管理補助者を定めたときは、その氏名又は名称及び住所並びに委託契約の内容（改正会施規165十一）

改正前は、社債管理者を定めたときは、社債の内容を特定するための事項として（会681一）、その氏名又は名称及び住所並びに委託契約の内容を社債原簿に記載しなければならないものとされていたが、社債管理補助者についても同様の規定を設けたものである。なお、これらの事項は、社債の種類の内容として、社債券の記載事項ともなる。

社債の発行後、譲渡により社債を取得する者は、社債券の記載（会697①三）、あるいは、社債原簿記載事項を記載した書面（会682）により社債管理補助者の情報を確認できるようにする趣旨である。

2 ｜ 社債権者集会

⑴ 元利金の減免

改正会社法では、社債管理者が、社債権者集会の決議によらなければ、してはならない行為を規定する現行会社法706条1項1号に、「社債の全部についてするその債務の免除又は和解」が追加された。この社債権者集会の決議は、議決権者の議決権の総額の5分の1以上で、かつ、出席した議決権者の議決権の総額の3分の2以上の議決権を有する者の同意が必要である（会724②二）。なお、会社がその発行する社債を引き受ける者の募集をする場合に定める募集事項に、社債管理者が社債権者集会の決議によらずに前記の行為をすることができる旨の定めがある場合は、社債管理者は、社債権者集会の決議によらずに、前記債務免除行為をすることができる。

従来から、現行会社法706条1項1号に規定される「和解」に該当するものとして、社債権者集会の決議による社債の債務の免除（元利金の減免）は可能であるとの解釈が有力であった。法的安定性の観点から、改正会社法により、明文の規定が設けられたものである。

ところで、社債管理者は、前記の決議により社債の債務を免除することができるが、そうすると、当該決議で債務の免除に反対の意思表示をした社債権者は、その意思に反して自身が有する社債の債権を減免されることになる。この点については、社債権者集会の決議は裁判所の認可を受けなければ効力を生じない（会734①）のであり、債務の免除を可決する社債権者集会の決議が著しく不公正であるときや社債権者の一般の利益に反するときは、裁判所は社債権者集会の決議を認可することができないこととなろう（会

733 ③、④）（竹林俊憲編著『一問一答・令和元年改正会社法』178頁（商事法務、2020））。

　なお、後記(2)のとおり、改正会社法では、社債権者集会の決議の省略の制度が導入された。この制度を利用する場合は、裁判所の認可は不要であるが、社債権者の全員が同意することが前提であり、決議に反対する社債権者は存在しないため、意思に反して債務を免除することになる社債権者は想定されないこととなる。

(2)　社債権者集会の決議の省略

ア　社債権者集会の決議の省略の制度

　社債発行会社、社債管理者、社債管理補助者又は社債権者が社債権者集会の目的である事項について提案をした場合において、当該提案につき議決権者の全員が書面又は電磁的記録により同意の意思表示をしたときは、当該提案を可決する旨の社債権者集会の決議があったものとみなす制度である（改正法735の2①）。ただし、社債管理補助者が提案することができるのは、その辞任について、社債権者集会の同意を得ることについての提案に限られる。

　社債権者集会による決議（会724）が裁判所の認可を受けなければ、その効力を生じないのと異なり、決議があったものとみなされた場合は、裁判所の認可は不要である（改正法735の2④）。全員の同意が前提であるため、社債権者の保護に欠けることがないためである（竹林俊憲編著『一問一答・令和元年改正会社法』180頁（商事法務、2020））。

　社債発行会社は、社債権者集会の決議があったものとみなされた日から10年間、同意の意思表示に関する書面又は電磁的記録をその本店に備え置かなければならない（改正法735の2②）。社債管理者、社債管理補助者及び社債権者は、社債発行会社の営業時間内は、いつでも、前記書面の閲覧又は謄写、電磁的記録に記録された事項の閲覧又は謄写の請求をすることができる（改正法735の2③）。

イ　社債権者集会の決議の省略を行った場合の議事録

　社債権者集会の決議の省略があったものとみなされた場合には、次の事項を内容とする社債権者集会の議事録を作成しなければならない。

【議事録に記載すべき事項】（改正会施規 177 ④）

① 社債権者集会の決議があったものとみなされた事項の内容
② 社債権者集会の決議があったものとみなされた事項の提案をした者の氏名又は名称
③ 社債権者集会の決議があったものとみなされた日
④ 議事録の作成に係る職務を行った者の氏名又は名称

(3) その他

ア 社債権者集会の議事録の記載事項についての改正

社債管理補助者制度の導入に伴い、社債権者集会が開催された場合の議事録の記載事項に、次のような改正があった（改正会施規 177 ③四、五）。

【会社法施行規則 177 条 3 項の改正点】

改正前	改正後
四　社債権者集会に出席した社債発行会社の代表者又は<u>社債管理者の氏名又は名称</u> ［号を加える。］	四　社債権者集会に出席した社債発行会社の代表者又は代理人の氏名 五　社債権者集会に出席した社債管理者の代表者若しくは代理人の氏名又は社債管理補助者若しくはその代表者若しくは代理人の氏名

　改正後の 5 号について、社債管理者については、「代表者若しくは代理人」が記載事項であるのに対し、社債管理補助者については、「社債管理補助者若しくはその代表者若しくは代理人の氏名」となっている。これは、社債管理人の資格者が法人であることが前提であるのに対し、社債管理補助者については、弁護士も資格者になることが可能であり（会 703、改正法 714 の 3、会施規 171、改正会施規 171 の 2）、自然人である社債管理補助者自身が記載事項になる場合が想定されるためであろう。

イ 社債権者集会参考書類・議決権行使書面についての改正

　社債権者集会参考書類については、社債管理補助者制度の導入に伴い、代

表社債権者の選任に関する議案である場合に、候補者が社債管理補助者と特別の利害関係がある場合は、その事実の概要を記載するものとされた（改正会施規173①ニハ）。

議決権行使書面については、改正前は議決権行使書面に記載すべき事項の中に議決権を行使すべき社債権者の「議決権の数」を記載すべきものとされていたが、「議決権の額」を記載すべきものと変更された（改正会施規174①五）。社債権者集会における議決権は、社債の金額の合計額に応じて有することになるのであり（会723①）、その決議は議決権の額が基準となっているため、修正されたものであろう。

3 ｜ 施行日等

⑴　経過措置

ア　改正会社法施行前に募集事項の決定があった募集社債（新株予約権付社債を含む）（会767、238①）の発行の手続においては、改正会社法676条7号の2及び8号の2の規定にかかわらず、従前の例によるものとされた（改正法附則8①）。すなわち、「社債管理者を定めることとするときは、その旨及び社債管理者を定めないこととするときは、その旨」のを決定することを要しない。

イ　改正会社法施行の際、発行済である社債であって、社債管理者を定めていないもの（改正法施行後、アにより社債管理者を定めずに発行されたものを含む。）には、「社債管理者を定めないこととするときは、その旨」の定めがあるものとみなされる（改正法附則8②）。

ウ　改正会社法施行の際現に存する社債券の記載事項（第6章1⑮イを参照）については、なお、従前の例によるものとされた（改正法附則8③）。

エ　改正会社法施行前に提案権者が社債権者集会の目的である事項を提案した場合については、改正会社法735条の2の規定（社債権者集会の決議の省略）の規定は適用されない。この点について、「改正法の施行を停止条件として改正法施行前に社債権者集会の目的事項の提案及び同意の意思表示を行うことで、施行後に社債権者集会の決議を省略することは可能」（野澤大和＝拓巳郁「令和元年改正会社法の実務対応⑹社債の管理のあり方の見直しと実務対応」33頁（旬刊商事法務2235号））という見解

がある。

⑵　施行日

社債の管理についての改正は、令和 3 年 3 月 1 日に施行である。

第2節｜責任追及等の訴えに係る訴訟における和解

> **改正会社法 849 条の 2（和解）**
>
> 　株式会社等が、当該株式会社等の取締役（監査等委員及び監査委員を除く。）、執行役及び清算人並びにこれらの者であった者の責任を追及する訴えに係る訴訟における和解をするには、次の各号に掲げる株式会社の区分に応じ、当該各号に定める者の同意を得なければならない。
> 　一　監査役設置会社　　監査役（監査役が 2 名以上ある場合にあっては、各監査役）
> 　二　監査等委員会設置会社　　各監査等委員
> 　三　指名委員会等設置会社　　各監査委員

1 ｜概　略

　改正前会社法は、監査役設置会社、監査等委員会設置会社又は指名委員会等設置会社（以下「監査役設置会社等」という。）である株式会社の株主が、取締役等の責任を追及するために株主代表訴訟を提起した場合、当該株式会社が取締役等には責任がないと考えるときは、当該株式会社は、補助参加をすることができ、当該株式会社が取締役等を補助するため、には当該取締役等の責任を追及する訴えに係る訴訟に参加する場合は、各監査役、各監査等委員又は各監査委員（以下「監査役等」という。）の同意を得なければならない旨を規定している（会 849 ③、同 425 ③、同 426 ③）。

　他方、株式会社が、株主が取締役等の責任を追及する訴訟において、裁判所から和解の勧告がされた場合、その和解の成立について、監査役等が他の監査役等の同意又は承認なくして当該和解をする権限を有していると解すべきか否かついては、規定が置かれていなかった。ただし、和解の成立及びその内容の決定は、重要な業務執行に該当すると考えられるので取締役の過半

数による決定（会348②）又は取締役会の決議（会362④）が必要であると解されている。

そこで、改正会社法は、取締役等に対する責任追及の訴えに係る訴訟で和解をする際に監査役設置会社等が補助参加人として参加する場合と同じように、取締役等の責任追及訴訟において和解をするには、株式会社の区分に応じ監査役設置会社においては監査役（監査役が2名以上ある場合にあっては、各監査役）の同意を、監査等委員会設置会社においては各監査等委員の同意を、指名委員会等設置会社においては各監査委員の同意をそれぞれ取得することとされた（改正法849の2）。

2 | 和解における代表者

取締役等の責任を追及する訴えに係る訴訟における和解について、誰が当該株式会社を代表するかについては、原告として和解する場合、株主代表訴訟における利害関係人又は補助参加人として和解する場合とを区別し、原告として和解する場合については監査役等が当該株式会社を代表するものとしつつ、利害関係人又は補助参加人として和解する場合は、代表取締役等が株式会社を代表すると解されている。

3 | 監査役等全員の同意

改正前会社法においても和解手続については監査役等が一定の関与をすることになっていたが、監査役等の全員の関与があるわけではないので、本条の創設により取締役等の責任を追及する訴えに係る訴訟において和解をする際は、監査役等の全員の同意が必要とされた。

4 | 施行日等

(1) 経過措置

なし

⑵　**施行日**

　責任追及等の訴えに係る訴訟における和解に関する改正会社法の施行日は、令和3年3月1日とされている。

第3節 議決権行使書面の閲覧等

1 議決権行使書面等の閲覧等に関する改正の概要

(1) 議決権行使書面の閲覧等に関する改正の概要

　会社法では、株主は議決権行使書面により提供された議決権行使書面に記載すべき事項を表示したものの閲覧等を請求することができるとされている（会311④）。

　しかし、前記の請求を行う場合、株主名簿の閲覧等を請求する場合とは異なり、その理由を明らかにすることは求められておらず、拒絶事由も定められていない。一方、実務上、議決権行使書面には株主の氏名又は名称及び議決権数に加えて株主の住所が記載されていることが多く、株主名簿の閲覧等の請求が拒絶された場合に、議決権行使書面の閲覧等の請求が濫用的にされているおそれがあると指摘されていた。また、株式会社の業務の遂行を妨げる目的など、正当な目的以外の目的で閲覧等の請求権が行使されているのではないかと疑われる事例があるとも指摘されていた（竹林俊憲編著『一問一答・令和元年改正会社法』235頁（商事法務、2020））。

　そこで、改正会社法では、株主は議決権行使書面の閲覧等を請求する場合においては、当該請求の理由を明らかにしてしなければならないとするとともに、株主名簿の閲覧等と同様の拒絶事由を設けた。

　また、電磁的方法により提供された議決権行使書面に記載すべき事項を表示したものの閲覧等をする場合にも、同様の規定が設けられた（会312⑤、312⑥）。

(2) 代理権を証する書面の閲覧等に関する改正の概要

　株主が、代理人によって議決権を行使する場合の代理権を証する書面については、実務上、株主の氏名又は名称、議決権数及び株主の住所等が記載さ

れていることがあることから、改正会社法では、代理権を証明する書面の閲覧等の請求についても、(1)と同様の規定を設けた（会310⑦、310⑧）。

　また、電磁的方法により提供された代理権を証する書面に記載すべき事項を表示したものの閲覧等をする場合にも、同様の規定が設けられた。

2 ｜ 請求理由の疎明

　改正会社法では、議決権行使書面等の閲覧等をする場合には、当該請求の理由を明らかにすることとされたが、その趣旨は、株式会社が拒絶事由の有無を容易に判断できるようにするためである。当該請求の理由は、株式会社がそのような判断をすることができる程度に具体的であることを要すると思われる（竹林俊憲等「令和元年改正会社法の解説〔Ⅷ〕」6頁（旬刊商事法務2229号））。

3 ｜ 拒絶事由等

　改会社正法では、株式会社が、議決権行使書面等の閲覧等の請求を拒絶することができる事由を定めたが、これについては、株主名簿閲覧等請求の取扱いにおける議論や解釈が妥当するものと思われるので、拒絶事由ごとに該当すると思われる具体例を紹介する。

	具体的事例
当該請求を行う株主がその権利の確保又は行使に関する調査以外の目的で請求を行ったとき（改正法310⑧一、311⑤一、312⑥一）	・自己の商品に関するパンフレットやダイレクトメールを送付する目的を有する場合 ・特定の議案の賛成・反対情報から政治的な団体などへの加入を勧誘する場合※

当該株式会社の業務の遂行を妨げ、又は株主の共同の利益を害する目的で請求を行ったとき（改正法 310 ⑧二、311 ⑤二、312 ⑥二）	・業務妨害の目的で繰り返し閲覧を求める場合。 ・著しく多数の株主等があえて同時に閲覧を求めたり、会社に不利な情報を流布して株式会社の信用を失墜させ、又は株価を下落させる目的で閲覧を求めるような場合（大盛工業事件地裁決定（東京地決平 22. 7.20 金判 1348 号 14 頁））
株主名簿の閲覧等によって知り得た事実を利益を得て第三者に通報するための請求を行ったとき等（改正法 310 ⑧三、四、311 ⑤三、四、312 ⑥三、四）	・名簿業者等に情報を売却する場合や、当該行為を過去 2 年以内に行った場合

※株主が、少数株主権の行使に必要な議決権数の要件を満たすために他の株主を募る目的で、議決権行使書面等の閲覧等の請求を行ったときは、株主がその権利の確保又は行使に関する調査の目的で、議決権行使書面等の閲覧等の請求を行ったときに該当すると考えられ、そのことをもって直ちに拒絶事由には該当しないと考えられる（竹林俊憲編著『一問一答・令和元年改正会社法』240 頁（商事法務、2020））。

4 │ 施行日等

(1) 経過措置

　改正会社法の施行前にされた議決権行使書面等の閲覧等の請求については、なお従前の例によることとされた（改正法附 4 ）。

(2) 施行日

　議決権行使書面等の閲覧等に関する改正は、令和 3 年 3 月 1 日に施行である。

第4節 | 株式の併合等に関する 事前開示事項

1 | 株式の併合等に関する 事前開示事項に関する改正の概要

(1) 株式の併合等に関する事前開示制度

　株式会社が行う全部取得条項付種類株式の取得及び発行する株式について行う株式の併合のうち一定の場合に該当するもの（以下、「株式の併合等」という。）を行う場合、一定の事項に関する書面等を本店に備え置かなければならず（後記の表を参照）、当該株式会社の株主は、当該書面等の閲覧等の請求をすることができる（会171の2、182の2）。

　これらは平成26年の会社法改正（平成26年法律第90号）により設けられた制度である。株式の併合等は、実務上キャッシュ・アウトの手段として用いられることがあり、株主の利益に大きな影響を与える可能性があるため、株主への情報開示を充実させることが目的である。

【株式の併合等に関する事前開示事項】

手　続	事前開示事項
全部取得条項付種類株式の取得	ⅰ　全部取得条項付株式を取得するのと引換えに金銭等を交付するときは、当該金銭等に関する一定の事項（会171①一イ〜ホ） ⅱ　ⅰに規定する場合には、全部取得条項付種類株式の株主に対する金銭等の割当てに関する事項 ⅲ　会社が全部取得条項付種類株式を取得する日 ⅳ　その他法務省令で定める事項

株式の併合※	i 併合の割合
	ii 効力発生日
	iii 会社が種類株式発行会社である場合には、併合する株式の種類
	iv 効力発生日における発行可能株式総数
	v その他法務省令で定める事項

※単元株式数（種類株式発行会社にあっては、併合する種類株式の単元株式数）を定めている場合は、当該単元株式数に併合の割合を乗じて得た数に1に満たない端数が生ずるものに限る。

(2) 事前開示事項に関する改正の概要

　平成 26 年の会社法改正（平成 26 年法律第 90 号）の際に、株式の併合等を行った際に、1株に満たない端数の処理（会 234・235）をすることが見込まれる場合、当該処理により株主に交付することが見込まれる金銭等の額及び当該額の相当性に関する事項が事前開示事項として現行会社法施行規則に規定された。改正会社法施行規則においては、この内容がより具体的に規定された（後記の表を参照）。

　株式の併合等の効力は所定の取得日又は効力発生日に生ずるものの、効力発生後に1株に満たない端数の処理により実際に株主に交付される金銭等の額は、会社法 234 条又は 235 条による競売又は任意売却（以下、「任意売却等」という。）が行われるまで確定しない。「任意売却等がされるまでの事情変動等による代金額の低下や代金の不交付のリスクは、当該代金の交付を受けるべき株主が負うこととなるため、確実かつ速やかな任意売却等の実施及び株主への代金の交付を確保するための措置」（竹林俊憲編著『一問一答・令和元年改正会社法』241 頁（商事法務、2020））として、情報開示の充実が図られたものである。

規定された具体的な開示事項（改正会施規 33 の 2 ② 四及び 33 の 9 一ロ）	① 競売又は任意売却のいずれの処理を予定しているかの別及びその理由
	② 競売をする予定である場合には、競売の申立てをする時期の見込み（当該見込みに関する取締役（取締役会設置会社にあっては、取締役会。以下、この表において同じ。）の判断及びその理由を含む。）

	③　任意売却を予定している場合
	i　市場において行う取引による売却を予定している場合
	・売却する時期及び売却により得られた代金を株主に交付する時期の見込み（当該見込みに関する取締役の判断及びその理由を含む。）。
	ii　市場価格のない株式についての裁判所の許可を得ての売却を予定している場合
	・売却に係る株式を買い取る者となると見込まれる者の氏名又は名称
	・買い取る者と見込まれる者が売却に係る代金の支払のために資金を確保する方法及び当該方法の相当性
	・売却の時期及び売却により得られた代金を株主に交付する時期及び売却代金を株主に交付する時期の見込み（当該見込みに関する取締役の判断及びその理由を含む。）
	④　①～③の処理により株主に交付することが見込まれる金銭の額及び当該額の相当性に関する事項

　なお、表中②並びに③i及び③iiにおいて、競売の申立てをする時期の見込みや売却の時期、売却代金を株主に交付する時期の見込みに関する取締役（取締役会設置会社にあっては、取締役会、以下同じ。）の判断及びその理由が開示事項とされている。この点については、取締役がどのような判断過程及び理由により、そのように見込んだのかについて開示することになる（法務省民事局参事官室「会社法の改正に伴う法務省関係政令及び会社法施行規則等の改正に関する意見募集の結果について」第3、1(3)③）。

2 ｜ 施行日等

(1)　経過措置

　改正会社法施行規則の施行日前にされた決議がなされた株式の併合等の事

前開示手続については、なお、従前の例によるものとされた。（改正会施規附則2②及び③）

⑵　施行日

　株式の併合等についての改正は、令和3年3月1日に施行である。

第7章

一般社団及び一般財団法人に関する規律の見直し

　会社法の改正に伴い、会社法の一部を改正する法律の施行に伴う関係法律の整備等に関する法律も成立し、一般社団法人及び一般財団法人に関する法律（以下「一般社団・財団法人法」という。）についても、一部改正されることとなった。

　主な改正点としては、社員総会資料の電子提供制度の創設、補償契約に関する規定の創設、役員等賠償責任保険契約の創設、議決権行使書面の閲覧等の請求権の濫用的な行使を制限するための規定の新設、成年被後見人及び被保佐人についての理事等の欠格条項の削除及びこれに伴う規定の整備、従たる事務所の所在地における登記の廃止等となっている。

　なお、各改正点の詳細については、既に改正会社法の該当箇所で説明済であるので、そちらをご参照願いたい。

第１節 | 社員総会資料の 電子提供制度

1 | 電子提供措置をとる旨の 定款の定め

　一般社団法人においても株式会社と同様に、理事が社員総会の招集の手続を行うときは、次に掲げる資料（以下「社員総会参考書類等」という。）の内容である情報について、電子提供措置（電磁的方法により社員が情報の提供を受けることができる状態に置く措置であって、法務省令で定めるものをいう。）をとる旨を定款で定めることができるものとされた。この場合において、その定款には、電子提供措置をとる旨を定めれば足りる（改正一般法人47の２）。

　ア　社員総会参考書類
　イ　議決権行使書面
　ウ　一般社団・財団法人法125条の計算書類及び事業報告並びに監査報告

　また、定款に電子提供措置をとる旨の定めがある場合には、その定めを登記しなければならない（改正一般法人301②四の二）。

2 | 電子提供措置

(1) 電子提供措置の継続性

　電子提供措置をとる旨の定款の定めがある一般社団法人の理事は、社員総会の招集通知を書面でしなければならない場合には、社員総会の日の３週間前の日又は社員総会の招集通知を発した日のいずれか早い日（以下「電子提供措置開始日」という。）から、社員総会の日後３か月を経過する日までの間（以下「電子提供措置期間」という。）、次に掲げる事項に係る情報について継続して電子提供措置をとらなければならない（改正一般法人47の３①）。

　ア　社員総会の日時、場所等の一般社団・財団法人法38条１項各号に掲

げる事項

イ　社員総会に出席しない株主が書面によって議決権を行使することができることを定めた場合における、社員総会参考書類及び議決権行使書面に記載すべき事項

ウ　社員総会に出席しない社員が電磁的方法によって議決権を行使することができることを定めた場合には、社員総会参考書類に記載すべき事項

エ　社員が議案要領の通知請求権を行使した場合における議案の要領

オ　一般社団法人が理事会設置一般社団法人である場合において、理事が定時社員総会を招集するときは、一般社団・財団法人法125条の計算書類及び事業報告並びに監査報告に記載され、又は記録された事項

カ　アからオまでに掲げる事項を修正したときは、その旨及び修正前の事項

⑵　議決権行使書面を交付する場合の特則

⑴にかかわらず、理事が一般社団・財団法人法39条1項の通知に際して社員に対し議決権行使書面を交付するときは、議決権行使書面に記載すべき事項に係る情報については、電子提供措置をとることを要しない（改正一般法人47の3②）。

3 ｜ 社員総会の招集の通知等の特則

⑴　招集通知の発送に関する特則

一般社団法人が、電子提供措置をとる場合には、社員総会の日の2週間前までに招集通知を発しなければならない（改正一般法人47の4①）。

⑵　招集通知の記載事項に関する特則

一般社団法人が、電子提供措置をとる場合、書面又は株主の承諾を得て電磁的方法により発送する招集通知には、一般社団・財団法人法38条1項1号から4号までに掲げる事項のほか、次に掲げる事項を記載、又は記録しなければならない（改正一般法人47の4②）。

ア　電子提供措置をとっている旨

イ　法務省令で定める事項（改正一般法人施規7の3）

①電子提供措置がされている社員総会参考書類等が閲覧できる URL

(3) 書面及び電磁的方法により議決権を行使する場合の特則

一般社団・財団法人法 41 条 1 項、同 42 条 1 項、同 125 条の規定にかかわらず、電子提供措置をとる旨の定款の定めがある一般社団法人においては、理事は、社員総会の招集通知を発するに際して、社員に対し、社員総会参考書類等を交付し、又は提供することを要しない（改正一般法人 47 の 4 ③）。

(4) 議案通知請求権を行使する場合の特則

電子提供措置をとる旨の定款の定めがある一般社団法人における社員の議案通知請求権については、当該議案の要領について電子提供措置をとるものとする（改正一般法人 47 の 4 ④）。

4 | 書面交付請求

(1) 書面交付請求

電子提供措置をとる旨の定款の定めがある一般社団法人の社員（その承諾を得て電磁的方法により招集通知を発することとした社員を除く。）は、一般社団法人に対し、一般社団・財団法人法 47 条の 3、1 項各号に掲げる事項（以下「電子提供措置事項」という。）を記載した書面の交付を請求（以下「書面交付請求」という。）することができる（改正一般法人 47 の 5 ①）。

(2) 電子提供措置事項を記載した書面の交付

理事は、電子提供措置をとる場合には、社員総会の招集通知に際して、書面交付請求をした社員に対し、当該社員総会に係る電子提供措置事項を記載した書面を交付しなければならない（改正一般法人 47 の 5 ②）。

(3) 書面交付請求の終了の通知及び催告

書面交付請求をした社員がある場合において、その書面交付請求の日（当該社員が異議を述べた場合にあっては、当該異議を述べた日）から 1 年を経過したときは、一般社団法人は、当該社員に対し、書面の交付を終了する旨を通知し、かつ、これに異議のある場合には一定の期間（以下において「催告

期間」という。）内に異議を述べるべき旨を催告することができるものとされた。ただし、催告期間は、1か月を下ることができない（改正一般法人47の5③）。

前記による通知及び催告を受けた社員がした書面交付請求は、催告期間を経過した時にその効力を失う。ただし、当該社員が催告期間内に異議を述べたときは、この限りでない（改正一般法人47の5④）。

5 ｜ 電子提供措置の中断

電子提供措置期間中に電子提供措置の中断（社員が提供を受けることができる状態に置かれた情報がその状態に置かれないこととなったこと又は当該情報がその状態に置かれた後改変されたことをいう。）が生じた場合において、次のいずれにも該当するときは、その電子提供措置の中断は、当該電子提供措置の効力に影響を及ぼさない（改正一般法人47の6）。

ア　電子提供措置の中断が生ずることにつき一般社団法人が善意でかつ重大な過失がないこと又は一般社団法人に正当な事由があること。

イ　電子提供措置の中断が生じた時間の合計が電子提供措置期間の10分の1を超えないこと。

ウ　電子提供措置開始日から社員総会の日までの期間中に電子提供措置の中断が生じたときは、当該期間中に電子提供措置の中断が生じた時間の合計が当該期間の10分の1を超えないこと。

エ　一般社団法人が電子提供措置の中断が生じたことを知った後速やかにその旨、電子提供措置の中断が生じた時間及び電子提供措置の中断の内容である情報について当該電子提供措置に付して電子提供措置をとったこと。

6 ｜ 電子提供措置をとる場合又は廃止する場合の登記

一般社団法人の設立後、定款を変更して電子提供措置をとる旨の定款の定めを設けた場合、若しくは電子提供措置をとる旨の定款の定めを廃止した場合には、2週間以内に、その主たる事務所の所在地において、変更の登記を

しなければならない（一般法人 303）。

ア　登記の事由

定款に電子提供措置をとる旨を定めた場合には、その定めを登記する必要がある（改正一般法人 301 ②四の二）。

イ　登記すべき事項

① 新たに電子提供措置をとる旨の定款の定めを設ける場合「電子提供措置をとる旨の定款の定め」及び「設定年月日」

② 電子提供措置をとる旨の定款の定めを廃止する場合「電子提供措置をとる旨の定款の定めを廃止した旨」及び「廃止年月日」

ウ　添付書面

① 電子提供措置を採用する場合

 ⅰ　社員総会議事録（一般法人 317 ②）

 ⅱ　委任状（一般法人 330 で準用する商登 18）

② 電子提供措置をとる旨の定めを廃止する場合

 ⅰ　社員総会議事録（一般法人 317 ②）

 ⅱ　委任状（一般法人 330 で準用する商登 18）

オ　登録免許税

電子提供措置をとる旨の定めの設定又は廃止の登記については、30,000 円である（登税別表 1 第 24 号(1)ツ）。

【記載例】 登記申請書（定款を変更して電子提供措置をとる旨の定款の定めを設けた場合）

```
              一般社団法人変更登記申請書
1．会社法人等番号    ○○○○ - ○○ - ○○○○○○
  フリガナ         ニッシレンキョウカイ
1．商　号          一般社団法人日司連協会
1．本　店          東京都新宿区四谷本塩町 4 番 37 号
1．登記の事由       電子提供措置に関する定めの設定
1．登記すべき事項     別紙のとおり
```

1．登録免許税　　　　　金 30,000 円
1．添付書類

　　　　　　　　　　社員総会議事録　　　　　　　1 通
　　　　　　　　　　委任状　　　　　　　　　　　1 通

上記のとおり登記の申請をする。

令和○○年○○月○○日

　　東京都新宿区四谷本塩町 4 番 37 号
　　申請人　　　一般社団法人日司連協会
　　東京都新宿区四谷本塩町 4 番 37 号
　　代表理事　　　日司連　二郎
　　東京都新宿区四谷本塩町 4 番 37 号
　　上記代理人　　司法書士　司法　太郎　　㊞
　　（電話番号　　○○○－○○○－○○○○）

東京法務局新宿出張所　御中

　　【記載例】登記すべき事項（新たに電子提供措置をとる旨を定款に定めた場合）

「電子提供措置に関する事項」
当会社は、社員総会の招集に際し、電子提供措置をとる。
「原因年月日」令和○○年○○月○○日設定

　　【記載例】登記すべき事項（電子提供措置をとる旨の定款の定めを廃止した場合）

「電子提供措置に関する事項」
「原因年月日」令和○年○月○日廃止

7 ｜ 施行日等

(1)　施行日

　公布の日から 3 年 6 か月を超えない範囲内において政令で定める日から施

248

行されることとなっているが、令和４年９月１日に施行である（整備法附則
三）。

第2節 補償契約

1 補償契約に関する改正の概要

(1) 補償契約の内容及び決議の方法

一般社団法人は、理事、監事又は会計監査人（以下「役員等」という。）が、その職務の執行に関し、法令に違反したことが疑われ、又は責任の追及を受けたことに対する防御費用や、第三者に生じた損害を賠償するための損害金や和解金等の全部又は一部を当該一般社団法人が補償することを約する契約の内容の決定をするには、社員総会（理事会設置一般社団法人にあっては理事会）の決議によらなければならない（改正一般法人118の2①）。

また、一般財団法人においては、役員等に対する補償契約の内容を決定するには、理事会の決議によらなければならない（改正一般法人198の2）。

なお、一般社団法人及び一般財団法人（以下「一般社団法人等」という。）においては、公開会社の場合と異なり、役員等と補償契約を締結した場合であっても、補償契約に関する事項を事業報告の内容に含めなければならないとはされていない。

(2) 補償することができない費用

一般社団法人等は、補償契約を締結している場合であっても、防御費用のうち通常要する費用の額を超える部分、当該法人が第三者に対して損害を賠償した場合において当該役員等に対して求償することができる部分及び、役員等がその職務を行うにつき悪意又は重過失があったことにより第三者に対して損害賠償責任を負う場合の賠償金又は和解金については、補償することができない（改正一般法人118の2②、198の2）。

⑶ 補償した費用の返還請求

　補償契約に基づき防御費用を補償した一般社団法人等が、事後的に、当該役員等が自己若しくは第三者の不正な利益を図り、又は当該法人等に損害を加える目的で職務を執行したことを知ったときは、当該役員等に対し、補償した金額に相当する金銭を返還することを請求することができる（改正一般法人118の2③、198の2）。

⑷ 理事会への報告

　理事会設置一般社団法人若しくは一般財団法人においては、補償契約に基づく補償をした理事及び当該補償を受けた理事は、遅滞なく、当該補償についての重要な事実を理事会に報告しなければならない（改正一般法人118の2④、198の2）。

⑸ 利益相反取引規制の非適用

　利益相反取引規制（一般法人84①、92②、111③3及び116①）の規定は、一般社団法人等と理事との間の補償契約の締結については、適用しない。また、民法108条の規定も適用しない（改正一般法人118の2⑤⑥、198の2）。

2 ｜ 施行日等

⑴ 経過措置

　改正後の補償契約に関する規定は、改正法の施行後に締結される補償契約について適用することとされた（整備法16③）。

⑵ 施行日

　補償契約に関する改正については、令和3年3月1日に施行である。

第3節 役員等賠償責任保険契約 (D&O 保険契約)

1 役員等賠償責任保険契約に関する 改正の概要

(1) 役員等賠償責任保険契約の内容及び決議の方法

　一般社団法人が、保険者との間で締結する役員等賠償責任保険契約のうち役員等がその職務の執行に関し責任を負うこと又は当該責任の追及に係る請求を受けることによって生ずることのある損害を保険者が塡補することを約するものであって、役員等を被保険者とするものの内容の決定をするには、社員総会（理事会設置法人にあっては理事会）の決議によらなければならない（改正一般法人118の3①）。

　一般財団法人においては、役員等に対する賠償責任保険契約の内容を決定するには、理事会の決議によらなければならない（改正一般法人198の2）。

　なお、前記の手続が必要となる役員等賠償責任保険契約について、賠償責任保険契約を締結することにより被保険者である役員等の職務の執行の適正性が著しく損なわれるおそれがないものとして法務省令で定めるものは除かれている。法務省令で定められたものは以下のとおりである（改正一般法人施規20の2、63の2）。

　①被保険者に保険者との間で保険契約を締結する一般社団法人等を含む保険契約であって、当該一般社団法人等がその業務に関連し第三者に生じた損害を賠償する責任を負うこと又は当該責任の追及に係る請求を受けることによって当該一般社団法人等に生ずることのある損害を保険者が塡補することを主たる目的として締結されるもの

　②役員等が第三者に生じた損害を賠償する責任を負うこと又は当該責任の追及に係る請求を受けることによって当該役員等に生ずることのある損害（役員等がその職務上の義務に違反し若しくは職務を怠ったことによって第三者に生じた損害を賠償する責任を負うこと又は当該責任の追及に係る請求を受けるこ

とによって当該役員等に生ずることのある損害を除く。）を保険者が塡補することを目的として締結されるもの

⑵　利益相反取引規制の非適用

利益相反取引規制（一般法人 84 ① 1、92 ②、111 ③及び 116 ①）の規定は、役員等に対する役員等賠償責任保険契約については、適用しない。また、民法 108 条の規定も適用しない（改正一般法人 118 の 2 ②③、198 の 2）。

2 ｜ 施行日等

⑴　経過措置

改正後の役員等賠償責任保険契約に関する規定は、改正法の施行後に締結される役員等賠償責任保険契約について適用される（整備法 16 ④）。

⑵　施行日

役員等賠償責任保険契約に関する改正については、令和 3 年 3 月 1 日に施行である。

第4節 | 議決権行使書面等の閲覧等

1 | 議決権行使書面等の閲覧等に関する改正の概要

⑴　議決権行使書面の閲覧等に関する改正の概要

　一般社団法人の議決権行使書面については、社員名簿の閲覧等の場合とは異なり、その理由を明らかにすることは求められておらず、拒絶事由も定められていない。

　今般、株式会社において、議決権行使書面の閲覧等に関する規定が改正されたことに伴い、一般社団法人においても議決権行使書面等の閲覧等に関する規定が改正され、社員が議決権行使書面の閲覧等を請求する場合には、当該請求の理由を明らかにしてしなければならないとするとともに、社員名簿の閲覧等と同様の拒絶事由を設けた。

　また、電磁的方法により提供された議決権行使書面に記載すべき事項を表示したものの閲覧等をする場合にも、同様の規定が設けられた。

⑵　代理権を証する書面の閲覧等に関する改正の概要

　社員が、代理人によって議決権を行使する場合の代理権を証する書面についても、株式会社における改正と同様に、代理権を証明する書面の閲覧等の請求についても、⑴と同様の規定を設けた。

　また、電磁的方法により提供された代理権を証する書面に記載すべき事項を表示したものの閲覧等をする場合にも、同様の規定が設けられた。

2 | 請求理由の疎明

　社員が、議決権行使書面等の閲覧等を行う場合には、社員名簿の閲覧等の

請求の場合と同様の規定が設けられた（改正一般法人50⑥、51④、52⑤）。

3 拒絶事由等

社員名簿の閲覧等の場合と同様に、社員からの議決権行使書面等の閲覧等の請求を拒絶できる事由が設けられた（改正一般法人50⑦、51⑤、52⑥）。

① 当該請求を行う社員がその権利の確保又は行使に関する調査以外の目的で請求を行ったとき

② 当該一般社団法人の業務の進行を妨げ、又は社員の共同の利益を害する目的で請求を行ったとき

③ ①により提出された議決権行使書面等の閲覧又は謄写によって知り得た事実を利益を得て第三者に通報するため請求を行ったとき

④ 過去2年以内に議決権行使書面等の閲覧又は謄写によって知り得た事実を利益を得て第三者に通報したことがあるものであるとき

4 施行日等

(1) 経過措置

改正法の施行前にされた議決権行使書面等の閲覧等については、なお従前の例によることとされた（整備法16①）。

(2) 施行日

議決権行使書面等の閲覧等に関する改正は、令和3年3月1日に施行である。

第5節 | 成年被後見人及び 被保佐人の 欠格事由の見直し

1 | 成年被後見人及び被保佐人の欠格事由の 見直しに関する改正の概要

　一般社団法人の理事、監事、設立時理事、設立時監事及び清算人、一般財団法人の評議員、理事、監事、設立時評議員、設立時理事、設立時監事及び清算人（以下「理事等」という。）の欠格条項から成年被後見人若しくは被保佐人又は外国の法令上これらと同様に取り扱われている者（以下「被後見人等」という。）であることが削除された。

　これにより、被後見人等を理事等に選任することが可能となった。

　なお、現に理事等に就任している者が、後見開始の審判を受けた場合には、民法上の委任の終了事由に該当することから、その地位を失うことになる。一方、保佐開始の審判を受けた場合には、委任の終了事由とされていないことから、引き続きその地位に留まることになる。

2 | 被後見人等が理事等に就任する場合に関する 改正の概要

(1)　被後見人が理事等に就任する改正の概要

　被後見人が理事等に就任するには、その後見人が、被後見人の同意（後見監督人がある場合にあっては、被後見人及び後見監督人の同意）を得た上で、被後見人に代わって就任の承諾をしなければならない（改正一般法人65の2①）。この場合において、被後見人がした就任の承諾又は後見人が被後見人の同意を得ないでした就任の承諾は、その効力を生じない。

(2)　被保佐人が理事等に就任する改正の概要

　被保佐人が理事等に就任するには、その保佐人の同意を得て被保佐人が就任の承諾をしなければならない（改正一般法人65の2②）。この場合におい

て、被保佐人が保佐人の同意を得ないでした就任の承諾は、その効力を生じない。

　ただし、保佐人が民法第876条の4、1項の代理権を付与する旨の審判を受けた場合には、被後見人が理事等に就任する場合の規定が準用されるので、保佐人が被保佐人（及び保佐監督人）の同意を得て被保佐人に代わって就任の承諾をしなければならない（改正一般法人65の2③）。

(3)　行為能力の制限による取り消しに関する改正の概要

　被後見人又は被保佐人がした理事等の資格に基づく行為は、行為能力の制限によっては取り消すことができない（改正一般法人65の2④）。

3 被後見人等が理事等に就任する場合の登記

(1)　概説

　被後見人等が理事等に就任する場合には、通常の理事等の就任の場合と同じく、2週間以内に、その主たる事務所の所在地において、変更の登記をしなければならない（一般法人303）。

(2)　登記の事由

　理事等に就任した旨を登記する必要がある（一般法人301②五、八、302②五）。

(3)　登記すべき事項

　「理事等の氏名」及び「就任年月日」

(4)　添付書面

ア　理事等の選任を証する書面

①　一般社団法人の場合

　　ⅰ　社員総会議事録（理事、監事、社員総会で選任された清算人の場合）（一般法人317②）

　　ⅱ　定款若しくは設立時社員の過半数の一致を証する書面（設立時理事及び設立時監事の場合）（一般法人318③）

② 一般財団法人の場合

　i 評議員会議事録（理事、監事、評議員会で選任された清算人の場合）（一般法人 317 ②）

　ii 評議員選考委員会の議事録等の評議員を選任したことを証する書面（一般法人 320 ②）

　iii 定款若しくは定款で定める方法により、設立時評議員、設立時理事及び設立時監事を選任したことを証する書面（一般法人 319 ②三）

イ　就任承諾書（一般法人 318 ②三、319 ②五、320 ①②、326 ②）

① 被後見人が就任する場合には後見人作成の就任承諾書

② 保佐人に対して代理権が付与されていない被保佐人が就任する場合には被保佐人作成の就任承諾書

③ 保佐人に対して代理権が付与されている被保佐人が就任する場合には保佐人作成の就任承諾書

エ　印鑑証明書（非理事会設置一般社団法人において、設立時理事及び理事に就任 (再任を除く) する場合）（一般法人登規 3 が準用する商登規 61 ④）

① 被後見人が就任する場合には後見人の市町村長発行の印鑑証明書

② 保佐人に対して代理権が付与されていない被保佐人が就任する場合には被保佐人の市町村長発行の印鑑証明書

③ 保佐人に対して代理権が付与されている被保佐人が就任する場合には保佐人の市町村長発行の印鑑証明書

※①若しくは③の場合において、弁護士や司法書士が後見人に就任しているばあいで、弁護士や司法書士の事務所が住所として後見登記事項証明書に記載されている場合には、弁護士会、司法書士会の発行する登録事項証明書も必要となると考えられる。

オ　本人確認証明書（理事会が設置されている一般社団法人等において評議員、理事及び監事に就任 (再任を除く) する場合）（一般法人登規 3 が準用する商登規 61 ⑦）

① 被後見人が就任する場合には被後見人の本人確認証明書

② 保佐人に対して代理権が付与されていない被保佐人が就任する場合には被保佐人の本人確認証明書

③ 保佐人に対して代理権が付与されている被保佐人が就任する場合には被保佐人の本人確認証明書

※被後見人等にかかる登記事項証明書は、被後見人等の本人確認証明書を兼ねることができる（令和 3 年 1 月 29 日民商第 14 号）。

カ　登記事項証明書（一般法人 318 ②三、319 ②五、320 ①②、326 ②）

①　被後見人が就任する場合には成年後見登記事項証明書

②　保佐人に対して代理権が付与されている被保佐人が就任する場合には保佐登記事項証明書又は代理権を付与する旨の審判にかかる審判書

キ　同意書（一般法人 318 ②三、319 ②五、320 ①②、326 ②）

①　被後見人が就任する場合には、被後見人（及び後見監督人）の同意書

②　保佐人に対して代理権が付与されていない被保佐人が就任する場合には保佐人の同意書

③　保佐人に対して代理権が付与されている被保佐人が就任する場合には被保佐人の同意書

ク　委任状（一般法人 330 で準用する商登 18）

(5)　登録免許税

理事等の変更登記については、10,000 円である（登税別表 1 二四(カ)）。

【記載例】登記申請書（被後見人が非理事会設置一般社団法人の理事に就任する場合）

一般社団法人変更登記申請書

1．会社法人等番号	○○○○-○○-○○○○○○
フリガナ	ニッシレンキョウカイ
1．商　　号	一般社団法人日司連協会
1．本　店	東京都新宿区四谷本塩町 4 番 37 号
1．登記の事由	理事の変更
1．登記すべき事項	別紙のとおり
1．登録免許税	金 10,000 円
1．添付書類	

社員総会議事録	1 通
就任承諾書	1 通
印鑑証明書	1 通
登記事項証明書	1 通
同意書	1 通
委任状	1 通

上記のとおり登記の申請をする。

令和○○年○○月○○日

　　東京都新宿区四谷本塩町 4 番 37 号
　　申請人　　一般社団法人日司連協会
　　東京都新宿区四谷本塩町 4 番 37 号
　　代表理事　　日司連　二郎
　　東京都新宿区四谷本塩町 4 番 37 号
　　上記代理人　　司法書士　司法　太郎　　㊞
　　（電話番号　○○○ – ○○○ – ○○○○）

東京法務局新宿出張所　御中

【記載例】登記すべき事項（新たに理事に就任した場合）

「役員に関する事項」
「資格」理事
「氏名」後見太郎
「原因年月日」令和○○年○○月○○日就任

3 ｜ 施行日等

(1)　施行日

　被後見人等の欠格事由の見直しに関する改正は、令和 3 年 3 月 1 日に施行である。

第6節 従たる事務所の所在地における登記の廃止等

1 従たる事務所の所在地における登記の廃止に関する改正の概要

　一般社団法人等が、主たる事務所を管轄する登記所の管轄区域外に従たる事務所を設けた場合には、従たる事務所の所在地において従たる事務所における登記をしなければならないとされていた（一般法人312）。

　今般の改正により、一般社団法人等においても従たる事務所の所在地における登記が廃止されることとなった。ただし、従たる事務所がある場合には、主たる事務所の所在地において、従たる事務所の所在場所を登記しなければならない（一般法人301②三）。

2 印鑑提出義務の廃止

　商業登記法から印鑑の提出に関する規定が削除されたことに伴い、一般社団法人等においても印鑑提出義務は廃止されることとなった。

3 施行日

　従たる事務所の所在地における登記の廃止については、公布の日から3年6か月を超えない範囲内において政令で定める日から施行されることとなっているが、令和4年9月1日に施行である（整備法附則三）。

　当該改正前に申請された従たる事務所の所在地における登記で、施行前に登記が完了しなかったものについては、登記官による却下の手続や申請人による取下げの手続のいずれかが行われることとなる。

　既に登記がされている従たる事務所における登記簿は、施行日をもって一括して閉鎖されることとなる。

　また、印鑑提出義務の廃止に関する改正は、令和3年2月15日に施行である。

【執筆者一覧 (50音順)】

◎植木　克明（うえき・かつあき）

貝塚司法書士事務所
〒540-0037　大阪市中央区内平野町一丁目2番6-701号
TEL：06-6942-2554　FAX：06-6942-4481

◎尾方　宏行（おがた・ひろゆき）

司法書士法人ライブ事務所
〒102-0082　東京都千代田区一番町23番地2 番町ロイヤルコート605号
TEL：03-6261-5141　FAX：03-6261-5142

◎佐々木　聡史（ささき・さとし）

司法書士佐々木事務所
〒456-0002　名古屋市熱田区金山町一丁目四番1号 ビルディング第一金山3階
TEL：052-681-2700　FAX：052-681-2706

◎塩見　栄介（しおみ・えいすけ）

司法書士六甲合同事務所
〒657-0036　神戸市灘区桜口町四丁目5番12号 フォーラム六甲304号室
TEL：078-857-6631　FAX：078-858-7481

◎新保　さゆり（しんぼ・さゆり）

エーアンドシー総合事務所
〒105-0004　東京都港区新橋五丁目23番7号 三栄ビル4階
TEL：03-5422-1103　FAX：03-5422-1104

◎立花　宏（たちばな・ひろし）

立花宏　司法書士・行政書士事務所
〒980-0022　仙台市青葉区五橋一丁目4番24号 ライオンズビル五橋702号
TEL：022-302-6906　FAX：022-302-6907

◎内藤　卓（ないとう・たかし）

はるかぜ総合司法書士事務所
〒602-0856　京都市上京区河原町通荒神口東入荒神町120番地 平田ビル3階
TEL：075-229-3310　FAX：075-229-3311

◎日高　啓太郎（ひだか・けいたろう）

司法書士法人御池事務所
〒604-8101　京都市中京区柳馬場通御池下る柳八幡町65番地
TEL：075-251-8850　FAX：075-251-8855

令和元年改正会社法及び令和3年商業登記規則の理論と実務・書式

2022 年 4 月27日　初版第1刷発行

編　者　日本司法書士会連合会 商業登記・企業法務対策部

発行者　井　田　僚　子

発 行 所　LABO
　　　　　〒100-0013 東京都千代田区霞が関1-1-3 弁護士会館地下1階
　　　　　電話　03-5157-5227　Fax　03-5512-1085

発　売　株式会社大学図書
　　　　　〒101-0062　東京都千代田区神田駿河台3-7
　　　　　電話　03-3295-6861　Fax　03-3219-5158

編集担当　渡　邊　豊

印刷所／日本ハイコム
カバーデザイン／やぶはな あきお　本文組版／デザインオフィス あるる館

ISBN978-4-904497-51-7 C2032
ⓒ2022 Japan Federation of Shiho-shoshi's Associations